H Goegginger

Pontische Briefe

H Goegginger

Pontische Briefe

ISBN/EAN: 9783744719506

Hergestellt in Europa, USA, Kanada, Australien, Japan

Cover: Foto ©ninafisch / pixelio.de

Weitere Bücher finden Sie auf **www.hansebooks.com**

Pontische Briefe.

Von

H. Goegginger.

————⊰✕⊱————

(Separat-Abdruck aus dem „Rigaer Tageblatt".)

Riga.
Buchdruckerei des „Rigaer Tageblatt" (W. Scheffers), Domplatz Nr. 5.
1889.

I.

Von Riga bis Odessa.

Im Frühling, wenn bei uns im Norden die ersten Lerchen anlangen und die Luft mit ihrem Gezwitscher erfüllen, werden fleißig Reisepläne geschmiedet, wo und wie man Erholung und Stärkung nach dem langen Stubenarrest im Winter finden kann. Die meisten Rigenser suchen die unentbehrliche Sommerfrische an unserem erquickenden heimischen Strande; wo sich indeß speciellere Curmethoden und besondere Bedingungen zur Heilung und Linderung eines Leidens anempfehlen, die unsere Provinzen nicht bieten, da sehen sich die Patienten auf Anrathen der Aerzte gezwungen, zu einer Reise in's Ausland ihre Zuflucht zu nehmen.

Eifrig werden dann unsere Börsennachrichten verfolgt und die Coursschwankungen auch von Denen studirt, welche denselben sonst wenig Beachtung und Aufmerksamkeit schenken; der Stand unserer Valuta belastet dabei unsere Reisepläne bereits seit Jahren der Art, daß man unwillkürlich zu der Betrachtung gedrängt wird, ob nicht unser eigenes Land, in welchem der Rubel immer noch 100 Kopeken gilt, für einzelne Fälle im Stande wäre, uns das Ausland zu ersetzen.

Leider sind unsere Herren Aerzte, sowie auch das große Publicum bisher noch sehr wenig über die Curorte unseres Reiches unterrichtet und daher dürfte es vielleicht für Manchen von Interesse sein, vom Standpunkte eines Patienten aus die Eindrücke zu erfahren, welche er auf einer Erholungsreise nach und an den pontischen Gestaden empfangen hat. Bei einer solchen Tour wirken bekanntlich nicht allein die hygienischen Verhältnisse stärkend auf die Nerven ein: das bunte Kaleidoskop der landschaftlichen Bilder zerstreut und fesselt den Kranken auch derartig, daß er in wohlthuender Weise von seiner Person und seinem Zustand abgezogen wird.

Die Stadt Odessa sollte nach einigen Erholungsstationen unser erstes Reiseziel sein, wobei auf eine anstrengende Fahrt zu rechnen war, da dieselbe 60 Stunden beansprucht und man unterwegs nach der Meinung Aller auf jeglichen Comfort Verzicht leisten müßte.

In Erwartung dessen und in recht gedrückter Stimmung verließen wir Riga mit dem Abendzuge am 12. April. In Dünaburg angelangt, fanden wir die zweite Klasse des Warschauer Trains so besetzt, daß wir die erste Klasse benutzen mußten, wo man sich auf einige Stunden der Ruhe hingeben konnte. In Wilna wurde die erste Station gemacht und ist das Hotel Continental (Besitzer Röhle) Reisenden durchaus zu empfehlen. Eine Fahrt durch die Stadt bot wenig Erquickendes: kleine, enge, unsaubere Straßen, zerlumpte

1*

jüdische Bewohner; nur das sogenannte Jagellonenschloß mit seiner freundlichen Anlage und der nebenbei liegenden schönen katholischen Kathedrale verdient besondere Erwähnung. Nach 24 Stunden der Erholung ging es über Bialystock nach Brest-Litowsk.

Während bei der Abfahrt in Riga noch die ganze Natur im Winterschlafe lag — hinter Dünaburg war sogar Schnee gefallen und bedeckte die Landschaft — sahen wir im Grodnoschen Gouvernement das erste Sprossen des Frühlings; die Birkenknospen zeigten bereits etwas Färbung und in den Wiesenniederungen prangten die sogenannten Kuhblumen (Caltha palustris) in reichem Flor. Das Wintergetreide stand überall gut und für die Sommersaat würde der Boden gepflügt. Die Bestellung der Felder ist aber eine andere als sie bei uns üblich; man findet dieselben in gewölbte Beete von etwa 6 Fuß Breite getheilt, an denen sich Abzugsgräben hinziehen. Diese Anordnung verfolgte ich bis zum Kiewschen Gouvernement; wahrscheinlich müssen die Feuchtigkeitsverhältnisse in diesem Gebiet der Wasserscheide zwischen der Ostsee und dem Schwarzen Meere besagte Eintheilung bedingen. Auf der folgenden Strecke waren einzelne Brücken von dem Hochwasser zerstört worden und der Zug mußte Nothbrücken passiren.

Die Stadt Grodno liegt in einem Thal und macht vom Coupé aus gesehen einen recht freundlichen Eindruck. Von den Spuren des großen Brandes ließ sich nichts mehr wahrnehmen.

Kiefern-, Fichten- und Birkenwälder zogen sich rechts und links von der Bahn hin. Bei der Station Tschornaja Wes erreichten wir die großen Bialowiczer Wälder, in denen noch die letzten europäischen Auerochsen gehegt werden, von denen aber keiner so liebenswürdig war, sich dem reisenden Publicum zu präsentiren.

Da man auf der folgenden Station Bialystok einen anderen Zug besteigen und zwei Stunden warten muß, so nahmen wir unterdeß diese Stadt in Augenschein. Die Hauptstraßen sind breit — man war gerade beschäftigt, in denselben Alleen zu pflanzen, allein die Manipulation dabei war so primitiv und roh, daß die dem Walde entnommenen strauchartigen Bäumchen geradezu einen krüppelartigen Eindruck machten. Ein Bauamt muß in Bialystok scheinbar nicht existiren, denn in den kleineren Straßen sahen die Häuser aus, als ob eine Partie Packkisten durcheinander geworfen wäre; nur ein mit größtem Luxus ausgestattetes Prachtgebäude, eine Erziehungsanstalt für junge Damen, s. Z. von einem polnischen Magnaten erbaut und später in die Hände der Krone übergegangen, sticht auf das Vortheilhafteste von der übrigen unsauberen Umgebung ab.

In vorzüglich ventilirten Waggons wurde die Weiterreise angetreten, dem freundlich gelegenen Städchen Bjelsk vorüber nach Brest-Litowsk, wo eine Erholungspause von 24 Stunden gemacht werden sollte. Der Central-Bahnhof in Brest, in gothischem Styl sehr geräumig und geschmackvoll erbaut, bietet mit seiner elektrischen Beleuchtung, seinen reich decorirten Wartesälen, Restaurationsräumen, Krankenzimmern einen überraschenden Anblick von Eleganz und Comfort. Das Hotel Victoria, in welchem wir abstiegen, empfiehlt sich durch aufmerksame Bedienung und billige Preise. Im Ganzen verleihen die sauberen Straßen und die vielen Gärten der Stadt Brest etwa den Charakter unserer Provinzialstädte. Das weitaus größte Interesse flößt dem Besucher natürlich die Festung Brest-Litowsk ein, ca. 1½ Werst von der Stadt gelegen. Auf einem die Festung umgebenden bequemen Wege umfuhren wir dieselbe und gewahrten hinter den mit Weiden bepflanzten Wällen hin und wieder mächtige, von Posten bewachte Geschütze. Die Fortification sah von außen im ersten Frühlingsschmuck und umflossen vom Bug harmlos und freundlich aus, allein trotzdem wir vom Kriegshandwerk sehr mangelhafte Begriffe haben, konnten wir doch wahrnehmen, daß ein stürmender Feind, selbst wenn er bis zu den ,Festungswällen gelangt, ein furchtbares Kreuzfeuer auszuhalten haben würde. Eine Belagerung und Cernirung dieses Ortes dürfte zu den Unmöglichkeiten gehören, da die Festung, so weit das Auge reicht, von tiefen Sümpfen, in denen der Feind tagelang bis an den Leib im Wasser waten müßte, umgeben ist. In der Festung sahen wir die Kasematten, das Gebäude der Briefpost, mächtige bombensichere Kasernen, Lagerplätze, Speicher, eine russische und eine große, sehr schöne lutherische Kirche. Diese Rücksicht von Seiten der Regierung auf eine fremde Confession soll, wie man uns mittheilte, ihre Begründung in der vielfach erprobten Zuverlässigkeit und Tapferkeit der Soldaten lutherischen Glaubens finden. Von dem Bahnhof führt eine breite schöne Heerstraße direct zur Festung, ebenso sind bis hart an die Thore derselben eine Menge Schienenstränge gelegt, um das Ein- und Aussteigen großer Truppenkörper schnell zu ermöglichen. Ich habe indeß aus Allem den Eindruck gewonnen, daß die immer wieder auftauchenden Nachrichten über große russische Rüstungen einfach aus der Luft gegriffen sind, denn die ganze Festung machte, so weit sich dieses Wort dafür gebrauchen läßt, einen durchaus friedfertigen Eindruck. Ein sich rüstender Waffenplatz würde außerdem weder dem Publicum, noch auch den hebräischen Händlern und Fuhrleuten zum Verkehr offen stehen. An einer allerliebsten, im gothischen Styl gehaltenen orthodoxen Kirche vorüber, fuhren wir dann wieder zum Bahnhof und fort ging es weiter gen Süden.

Nachdem wir die Sümpfe passirt hatten, nahm zunächst der Wald einen anderen Charakter an. Starke, knorrige Eichen, zu denen sich die Birke gesellt, treten an die Stelle der Kiefern und Fichten; als Unterholz — Ersatz für unseren Wacholder (Kaddick) — finden wir dort die Weißbuche (Carpinus Betulus). Rothbuchen (Fagus sylvatica) — die vielbesungene deutsche Buche — sah ich nur selten und in jungen Exemplaren. Auf den Feldern wird fast ausschließlich Weizen gebaut; es beginnt das Gebiet der schwarzen Erde, deren Farbe zwischen Hellkaffeebraun bis zum tiefsten Schwarz variirt. Herrlich standen die Winterfelder und das dunkelsprossende Grün auf dem schwarzen Untergrunde, umgeben von gelbgrün schimmernden Birken, verlieh der Landschaft den Charakter segensreicher Fruchtbarkeit. Uebrigens wird der Boden im Kiewschen nicht, wie man bei uns der Ansicht ist, gar nicht, sondern im Gegentheil recht kräftig gedüngt, wie ich an den für die Sommersaat bestimmten Feldern zu beobachten Gelegenheit fand. In der Dämmerstunde erreichten wir den Knotenpunkt Schmerinka, wo dem Reisenden einige gute Zimmer zur Nachtruhe disponibel stehen; allein da wir im Coupé bequem untergebracht waren und uns angeregt und erfrischt fühlten durch die wechselnde, anmuthige Scenerie, an welcher wir vorüberflogen, so beschlossen wir, auch die zweite Nacht durchzufahren; sollten wir doch am nächsten Morgen in der Steppe erwachen. Lange konnten wir nicht einschlafen; Bilder aus der Geschichte der sarmatischen Ebene, welche wir mit dem modernen Dampfroß durcheilten, beschäftigten unsere Phantasie. Noch im Traume sahen wir die wilden Scythen die Steppe durchziehen, all den Völkerdrang nach Westen, – die Alanen, Hunnen, Bulgaren und Avaren, die Magyaren, Türken und Mongolen –, hörten das Knarren der Räder und das Keuchen der Lastthiere, bis endlich ein Pfiff der Locomotive uns in die Gegenwart zurückführte.

Morgendämmerung in der Steppe! Aber nicht, wie wir sie uns vorstellen, ohne Reiz und Schmuck, sondern hügeliges, welliges Terrain mit unabsehbaren Weizenfeldern. Alles Culturboden üppigster Vegetation; dazwischen Weiden, auf denen Hornvieh und Pferde, auch Schafe, vorherrschend solche von schwarzer Farbe, grasten. Die Luft war klar und mild, die Kornstauden, breitblätterig und schwarzgrün, hatten eine Höhe erreicht, daß man die Blüthe bald erwarten konnte; nur die Kosaken fehlten in dem prächtigen durch Regen gesättigten Steppenbilde. Da man nun hin und wieder kleine Dörfer wahrnimmt, so bleibt es Einem unbegreiflich, wo die große Masse Menschen herkommt, die zur Bearbeitung der enormen Felder nothwendig ist.

Bei Winiza bemerkten wir die ersten Schlüsselblumen; Kirschbäume, von denen fast jedes Haus, ja ganze Dörfer umgeben sind, standen in voller Blüthe. Auf den durch den Regen erweichten Landwegen zogen Ukrainer Ochsen die schweren Wagen. Längs dem Bahnkörper waren breite Beete mit Ziersträuchern und Bäumen bepflanzt, während im Kiewschen Hürden nur den Winter über aufgestellt werden, um den Schneeverwehungen vorzubeugen.

Am Palmsonntag-Morgen, den 17. April, hatten wir unser erstes Reiseziel Odessa erreicht, wir stiegen im Hôtel d'Europe ab, welches allen diesbezüglichen Anforderungen der Neuzeit vollkommen entspricht.

Ziehe ich nun die Summe meiner Reiseerfahrungen auf der Tour von Riga bis Odessa, so muß ich gestehen, daß die Fahrt bedeutend günstiger verlief, als man gewöhnlich anzunehmen geneigt ist. Ich fand nicht allein gute Coupés und den von einem Kranken nicht leicht zu vermissenden Comfort, sondern auch höfliche Beamte, gutes Essen und namentlich, wenige Ausnahmen abgerechnet, fast überall reinen Kaffee. Auch mit dem Deutschen hätten wir ausgereicht, so daß nicht allein solche, die der russischen Sprache mächtig sind, diese Reise unternehmen können.

Wie ich bereits erwähnt, standen die Wintersaaten überall gut, bis sehr gut; die südrussischen Landwirthe erwarten sogar in Folge der Niederschläge, die den Steppenboden längere Zeit hindurch feucht erhalten haben, eine sehr reiche Ernte. Das Sommerkorn war im Süden zwar bereits gesäet, aber noch nicht aufgegangen; im Pripet-Gebiet und nach Norden zu wurden die Felder noch gepflügt.

Die Stadt Odessa, wohin fast all der Getreidesegen des Südens fließt, macht einen sehr freundlichen Eindruck und trotzdem den einer Großstadt, sowohl was die Ausdehnung, wie auch den lebhaften Verkehr anbelangt. An den geraden, breiten, von prächtigen Akazien-Alléen eingefaßten Straßen stehen saubere Häuser mit großartigen Magazinen. Aus zwei bis drei Stockwerken bestehend, entbehren die Bauten fast jeglicher Architektur; als Material dienen die in der Nähe Odessa's befindlichen Muschelkalksteine, die an unsere Tuffsteine erinnern; sie werden in Ziegelform, etwa 1½' lang und 1' breit und hoch, gesägt, auch mit dem Beil behauen. Der Stein ist leicht, giebt die Luft gut durchlassende Wände und verbaut sich bequem. Ein mittleres zweistöckiges Gebäude kann, abgesehen vom Fundament und Dach, in einer Woche aus diesem Material aufgeführt werden.

Obschon Odessa noch nicht 100 Jahre alt ist, zählt es doch schon 200,000 Einwohner. Eine bleibende Zierde der Stadt ist das neue Stadt-Theater, ein Prachtbau, der vorigen Herbst beendet wurde und über eine Million Rubel gekostet haben soll. Wir besuchten das Ballet und nahmen dabei die äußerst geschmackvolle innere Einrichtung des Musentempels in Augenschein. Die Decorationen waren grandios, allein die jauchzenden Beifallsbezeugungen des Publicums für einen Kranken so unerträglicher Art, daß wir sehr bald die aufgeregte Gesellschaft verließen.

Erfrischende Seeluft weht Einem entgegen bei einem Gang durch die herrlichen Platanen-Alléen am Hafen; auf dem Abhange zur See stehen üppige Coniferengruppen. Südliche Formen walten vor, wie Pinus austriaca und taurica, Thuja orientalis mit ihren Varietäten, auch die bei uns im Norden winterharten Juniperus virginiana und Sabina in den vielfachsten Abarten. Diese beiden Coniferen gedeihen selbst in der Steppe gut, wohin sie als Saatkorn von den Vögeln verschleppt werden, ein bemerkenswerther Finger-zeig für die Bewaldung dieser Ebenen. Der Charakterbaum jener Gegend bleibt aber die weiße Akazie (Robinia Pseudo-Acacia) mit ihren duftenden Blüthen.

Am Westende Odessa's wurde vor einigen Jahren ein neuer Park an-gelegt, der mit seinen geschmackvollen Gruppen von Bäumen und Sträuchern südlicher Zonen bereits einen imposanten Eindruck macht. Sehr wohlthuend berührt die große Sauberkeit und sorgfältige Pflege dieses öffentlichen Gartens; so schön aber auch die Vegetation ist, so drängt das Publicum doch stets zum Meere, um die erfrischende Luft und den Fernblick auf die dunklen Wogen des Schwarzen Meeres zu genießen. Fortwährend sieht man Dampfer dem fast unter den Füßen des Beschauers liegenden Hafen zueilen oder langsam von dort abgehen. Reges Treiben herrscht dort unten: Griechen und Tataren, Türken, Russen und Juden beleben die Scene, alle emsig beschäftigt mit dem Umladen von Getreide; nicht allein Weizen, auch Gerste wird viel verschifft. Die Lastträger sieht man fast nur im Trab mit ihren Säcken gehen; kräftige Gestalten, bei denen ich eine sehr praktische Einrichtung wahrnahm. Dieselben tragen nämlich alle Tournüren, allein nicht der Mode wegen, sondern damit die Getreidesäcke ihnen bequem auf dem Rücken liegen. Zu diesem Behufe be-festigen sie einen leeren Sack durch Bänder über der Schulter und stopfen in denselben in der Gegend des Kreuzes, resp. der Hüften soviel Stroh, daß der Getreidesack seinen Stützpunkt findet. Ich sah so die Leute mächtige Kisten auf dem Rücken tragen, ohne daß sie genöthigt waren, sich übermäßig zu bücken.

Während nun am Quai Getreide auf Fuhren, wie bei uns, transportirt wird, laufen auf einer aus Holz erbauten Hochbahn darüber lange Züge voller Korn ein, deren Inhalt vermittels Elevatoren in ganz kurzer Zeit in die Schiffsräume verladen wird. Auf diese Weise ermöglicht man es, an einem Tage einen großen englischen Dampfer der Wilson-Linie zu befrachten.

Meiner Meinung nach dürfte eine derartige Hochbahn auch hart an unserem Bollwerk in Riga ohne große Schwierigkeiten herzustellen sein, wobei nicht einmal Elevatoren nöthig wären, weil man das Getreide einfach durch ein Rohr vermöge des natürlichen Falles direct in die Räume des Schiffes schütten könnte. Unter der Bahn zwischen den Holzpfeilern ließe sich dabei ungestört der Verkehr, resp. das Aus- und Einladen durch Menschenkraft be-werkstelligen; jedenfalls möchte ich es dringend anempfehlen, daß gelegentlich eine competente Persönlichkeit diese Anlage in Odessa auf ihren praktischen Werth für uns prüft, denn es handelt sich ja in Riga nicht allein um Schüttwaare, sondern um alle per Waggon ankommenden und abgehenden Güter. Die Natur hat für den Odessaer Hafen nichts, die Kunst alles gethan; jeder Fuß Bollwerk wird dem Meere abgerungen und mächtige aus Cement und Steinen bestehende Blöcke sind als Molen aufeinander gethürmt. Rechts und links vom Hafen laufen diese Dämme in's Meer hinein, eine dritte Mole erstreckt sich davor, dazwischen befindet sich je ein Eingang zum Hafen. Derselbe wird in den Quarantäne- und in den praktischen Hafen getheilt; in jenem liegen enorme Ostindienfahrer, bereit, ihre weiten Touren bis nach China und Japan hinauf anzutreten, während die Dampfer im praktischen Hafen hauptsächlich den Localverkehr auf dem Schwarzen Meere vermitteln.

Die Seebäder in Odessa sind primitiver Art; am Hafen befinden sich nur Anstalten für warme Seebäder. Villen ziehen sich zwar längs der Küste hin, allein dieselbe entbehrt den Reiz unseres Ostseestrandes.

Ein interessantes Bild bietet sich dem Fremden bei einem Rundgang durch den Markt. Im Verkauf von Fischen beruht der Schwerpunkt des Handels. Schon um 2 Uhr Nachts kommen die Engroshändler an, für welche eine besondere Abtheilung des Marktes zur Verfügung steht. Von etwa 6 Uhr früh an liegen die Fische in großen Behältern zum Verkauf da: mächtige Belugas — den Haifischen an Größe gleich, — Störe, denen der Caviar entnommen, und dieser schwach gesalzen durch Eintauchen in Salzwasser, mit Warzen versehene Rochen, ähnlich unserer Steinbutte, doch im Umfang kleiner Tischplatten, dazwischen frische Sterlets zu 18 Kopeken das Pfund, die höchst wohlschmeckenden Skumbria und viele andere Bewohner des Meeres, die ich nicht kannte. Eine zweite Hauptrolle spielt das Hammelfleisch auf dem Markte Odessa's, das ebenso wie die Fische besser und wohlfeiler dort zu haben ist als bei uns; im Uebrigen verdient unser Dünamarkt sowohl im Preise wie auch in den sauber gebotenen Quantitäten und in seinem Totaleindruck den Vorzug vor jenem.

Das Rindfleisch scheint nur mager vorzukommen; vielleicht ist der Mangel an Brennereien dort mit Schuld daran; die Ochsen des Südens genießen auch eine andere Vorbildung, da sie selbst in der Stadt als Zugthiere für schwere Lasten benutzt werden.

Weinanpflanzungen sind um Odessa selten; dort werden aber viel Bessarabische, Süd- und Nordküstenweine der Krim, sowie Kaukasische Weine getrunken. Der bei uns übliche Collectiv-Ausdruck „Russische Weine" ist eigentlich sehr unpräcise, denn obige Sorten unterscheiden sich von einander ebenso wesentlich wie etwa der französische Wein vom Rheinwein und wie dieser von dem Ungar. In den Restaurants zahlt man für gute Qualitäten Bessarabischen 80 Kop., für Südküstenweine 125 Kop. und Kaukasischen 80 Kop. die Flasche, allein nach Aussage eines Hoteliers werden dabei stets 100% verdient. Die Restaurationspreise sind überhaupt etwas höher, als bei uns, die Zimmer dagegen billiger.

An der Richelientreppe, welche vom Seeboulevard zum Hafen führt, steht ein Pavillon, in welchem sich das gewählte Publicum Odessa's nach der Promenade erholt. Einige Studenten sah ich da in ihrer Uniform sitzen, allein die Herren machten auf mich einen recht gedrückten Eindruck. Unser flotter Dörptscher Bruder Studio ist doch ein ganz anderer Mensch.

II.

Die Krim.

Auf einem der großen und elegant eingerichteten Dampfer der Russischen Schwarzmeer-Compagnie schifften wir uns in Odessa ein und an den Molen vorüber ging es bei kleiner Brise gen Ssewastopol. Die Fahrt, welche 24 Stunden dauert, kostet in der I. Kajüte, incl. Beköstigung, 12 Rubel; die Verpflegung kommt durchaus der eines Hotels ersten Ranges gleich und finden auch alleinreisende Damen die rücksichtsvollste Behandlung.

Am Morgen früh warf vor dem kleinen Städtchen Eupatoria Anker; wir gewahrten dort die erste Moschee und weiterhin Salzseen, an denen viele Mühlen in voller Thätigkeit standen. Während wir auf der Rhede lagen, umspielten Delphine unser Schiff und Möven verfolgten schaarenweise die Züge kleiner Fische.

Ein starker Nebel hatte sich bei unserer Weiterfahrt erhoben, lichtete sich aber in der Nähe von Ssewastopol, so daß wir plötzlich den malerischen Anblick dieser Stadt vor Augen hatten. Man muß sich den dortigen Hafen wie einen Fjord denken, der späterhin in zwei Arme ausläuft, von denen der eine die bei Inkermann vorbeifließende Tschornaja Retschka aufnimmt, während der andere den Kauffahrtei-Hafen bildet. Die in der Mitte liegende Landzunge ... die Schifferstadt. Auf der Nordseite befinden sich die noch erhaltenen zweitägigen Forts Konstantin und Michail, sowie der Nordkirchhof, auf welchem die meisten der in und um Ssewastopol gefallenen russischen Krieger ruhen. Die Regierung hat in würdiger Weise für die Ueberreste dieser Helden gesorgt; der an einem Hügel gelegene Friedhof enthält eine Menge oft sehr geschmackvoller Monumente, die von weißen Akazien, Goldregen und Ailanthus beschattet werden. Unter den vielen Inschriften, welche die Offiziersgräber schmücken, fand ich auch einige deutsche, unserer engeren Heimath angehörende Namen, wie Meyendorff, Hemmelmann u. s. w. Auf den Massengräbern las ich in Marmor gemeißelt das einfache Wort: Brüdergrab.

General Todleben's Ueberreste werden noch immer in einem Gewölbe aufbewahrt, das recht überwuchert aussah. Mein Führer, ein alter Invalide vom Krimkriege her, versprach mir, dasselbe von Gras und Unkraut zu säubern. Wie ich hörte, soll Graf Todleben ein ebensolches Denkmal gesetzt werden, wie dem General Chrulow am Eingang des Kirchhofs: auf einem Sockel eine dorische Säule und darüber die überlebensgroße Büste.

An dem Monument des Fürsten Gortschakow vorüber — dieser heldenmüthige Vertheidiger Ssewastopols wählte sich die Inschrift: „Ich wünschte inmitten meiner Waffenbrüder zu schlummern, deren Tapferkeit den Boden frei hielt, in welchem ihre Gebeine ruhen." — gelangt man zum Gipfel des Hügels. In Form einer Pyramide steht da eine Kirche, welche in ihrem Innern die Namen der in Ssewastopol gefallenen Offiziere, von außen die der Truppenkörper, welche sich dort dem Feinde gegenüber befanden, angiebt.

Auf der Südseite liegt die eigentliche Stadt, die gleich einem Phönix neu erstanden ist und nur noch wenige vom Bombardement zerstörte Häuser aufzuweisen hat. Nicht minder gute Läden als bei uns in Riga bieten dem Publicum ihre Waaren in großen, hellen Schaufenstern dar. Als solides Absteigequartier kann ich besonders das Hotel Wetzel empfehlen.

Der herrliche, für Tausende von großen Schiffen sichere Hafen, ist scheinbar bestimmt, noch eine sehr bedeutende mercantile Rolle zu spielen. Die Verwaltung der Losowo-Sewastopoler Bahn giebt sich viele, sehr anzuerkennende Mühe, das Getreide zu äußerst billigen Sätzen zu transportiren, während sie die Erzeugnisse der Krim, wie Früchte und dergl., als Eilgut zum Frachtguttarif befördert. Nur der Wein geht per Schiff über Odessa oder um Europa herum nach dem Norden. Die Hafenanlagen sind derart, daß das Getreide in den Waggons bis hart an Bord der Schiffe gelangt; eine sehr große Dampfmühle liegt nebenan und verarbeitet dasselbe auf Wunsch in kurzer Frist zu Mehl, das alsdann verladen wird. In der Schifferstadt befinden sich die Werste und Docks, sowie zwei Patentsleeps der Russischen Schwarzmeer-Gesellschaft. An der dem Hafeneingang zugekehrten Seite vor einer mächtigen Kaserne sahen wir das Denkmal Lasarew's.

Eine Werst weiter hinauf liegt der Malakowhügel, der mit Sträuchern und Bäumen bepflanzt, aber unordentlich gepflegt ist. Steinerne Pfosten mit den entsprechenden Aufschriften geben Auskunft, wo s. Z. die Batterien ihren Platz hatten. An der zur Stadt gekehrten Seite sind die Trancheen noch wahrzunehmen, in denen die Reserven Deckung fanden. In der Mitte der während der Belagerung erbauten Befestigung erheben sich die Trümmer des casemattirten Thurmes.

Im Hafen lagen die berüchtigten zwei Popowken; sie sahen aus wie ein paar gepanzerte Strunsen. Auf dem Schiffskörper befindet sich ein ganzes Gerüst von allen möglichen Stegen; scheinbar müßte aber eine feindliche Granate, wenn auch der Panzer Stand hielte, das obere Gestell außer Benutzung bringen. Die beiden Fahrzeuge sind zwar noch im Dienst, wagen sich jedoch nicht weit auf See hinaus. Als drittes Werk Popow's liegt noch im Hafen die neue „Livadia", ein elliptischer Unterbau mit zwei Etagen, umgeben von Gallerien und Treppen. Die Schicksale dieses Schiffes sind ja genugsam bekannt. — Alle drei Errungenschaften sollen der Krone etwa den vierten Theil einer der gewöhnlichen Anleihen gekostet haben.

Neben diesen Colossen nehmen sich eine Menge vor Anker liegender schlanker Torpedoboote höchst vortheilhaft aus. Auf einem der bequemen und sicheren Böte der dortigen Uebersetzer ging es weiter zu den neugebauten Thurmschiffen „Tschesme", „Sinope" und „Katharina II." Die beiden ersten sind von der russischen Schwarzmeer-Gesellschaft auf eigenen Werften erbaut; die „Katharina II." von einem Podrädschik in Nikolajew, der aus Dankbarkeit für die ihm zugewiesene Arbeit in Sewastopol einen mächtigen orthodoxen Tempel — eine genaue Nachbildung des Thesenstempels in Athen - aufführen läßt, ein Bau, der auf eine Million Rubel veranschlagt wird.

Die enormen schwimmenden Festungen sollen je sieben Millionen Rubel gekostet haben; soweit sich dieses vom Boot aus beurtheilen ließ, zeigten namentlich die „Tschesme" und die „Sinope" eine äußerst sorgfältige Arbeit. Die etwa 3 Fuß dicken Panzerplatten saßen so dicht an einander, daß die Fugen wie eingeschliffen erschienen; sehr drohend sah die Ausstattung aus: der colossale Widder, 7 Minen, 6 maskirte Batterien, ein Thurm für Schnellfeuer und die riesigen Deckgeschütze. Die „Tschesme" hat bereits die Probefahrt mit 16 Knoten bestanden und tritt diesen Herbst in Dienst; die beiden anderen Schiffe sollen nächsten Sommer fertig sein.

Nachdem wir das nächste Vorgebirge passirt hatten, wandten wir uns gen Inkermann. Unser Bootsführer, der eigentlich Fischer war, erzählte uns, nachdem er erfahren, woher wir seien, daß er selbst auch für Riga Austern fische; auf dem Wege zeigte er uns die Stelle, wo die Austerbänke liegen. Da dieselben vom Herbst an den ganzen Winter hindurch schonungslos ausgebeutet werden, kommt schon seit einigen Jahren nur die Brut zum Versand. Daher die Kleinheit der Schwarzmeer-Auster; vollkommen ausgewachsen hat auch sie die Größe der englischen Auster.

Zwischen Felsen und Hügeln, die mit niedrigem Buschwerk bewaldet sind, erreichten wir am Ende der Bucht die Tschornaja, einen kleinen Bach, der nur für Boote bis Inkermann fahrbar ist. Zwischen niedrig gelegenen Wiesen, dem Herde der dort herrschenden Fieber, schleicht der Fluß dahin. Die Ufer desselben waren dicht besetzt mit den den Schneeglöckchen gleichenden Leucojum vernum, die in voller Blüthe standen.

Am Ende der Inkermann'schen Schlucht befinden sich eine Menge Krypten; ein Theil derselben ist für das Kloster des heiligen Clemens eingenommen. Dort soll im Jahre 102 nach Chr. Clemens I., der erste oder dritte Bischof von Rom, der zu den apostolischen Vätern gezählt wird, von Kaiser Trajan internirt gewesen sein. Als er jedoch auch hier nicht von der Lehre des Christenthums ablassen wollte, wurde er in der Bucht ertränkt. Sein Altar und sein Domicil werden in der Kryptenkirche noch jetzt gezeigt. Oben auf dem Felsen steht die Ruine einer recht starken genuesischen Festung und dem Kloster gegenüber die historische Steinwand, von der viele Tausende russische Krieger Angesichts der auf dem gegenüberliegenden Felsen postirten Reserven in der Schlacht an der Tschornaja vom Feinde hinuntergedrängt wurden.

Niedersteigend gewahrten wir eine Tatarenfamilie, die aus Bachtschissarai zu der Wohnung eines Einsiedlers gewallfahrtet war. Wir sahen die verhüllten Frauengestalten auf einem weißen Tuch mit dem Gesicht gen Mekka ihre Gebete verrichten und sich später an der Quelle den heiligen Waschungen hingeben. Bei dieser religiösen Handlung waren die Frauen unverschleiert und bemerkten wir unter ihnen ein allerliebstes Mädchenantlitz, das wie ein Vögelchen erstaunt in die Welt schaute. Das Kind mochte 14 oder 15 Jahre alt gewesen sein. An einen Baum gelehnt, zwischen einer Gruppe Kinder, stand ein älterer Tatar, ein Schoßkind in den Armen wiegend; seine Anfangs mißtrauischen Blicke hellten sich freundlich auf, als wir einem der Kleinen eine Apfelsine darboten. Die ganze Scene gab ein angenehmes Bild von dem entwickelten Familiensinn und der Religiosität der Tataren; auch schienen ihre Kleidung und alle Reiseeffecten im höchsten Grade sauber zu sein.

In Sewastopol angelangt, beschlossen wir, zunächst mit der Bahn nach Simferopol zu fahren, die dortigen großen Obstgärten in Augenschein zu nehmen und per Iswoschtschik über Bachtschissarai zurückzukehren.

Wenige Stunden Eisenbahnfahrt brachten uns nach Simferopol und fanden wir im Hotel Petersburg gute Unterkunft. Es war Ostern und wir gewahrten, in bequemer Miethequipage vorüberfahrend, auf einem freien Platz die auch bei uns üblichen Volksbelustigungen, Schaukeln und dampfende Samowars, umgeben von einer animirten Menschenmenge. In den tatarischen Straßen und den Bazars saßen die Muselmänner mit gekreuzten Beinen vor den Kaffeehäusern und rauchten im beschaulichen Nichtsthun ihre Cigarette. Die Hausgärten, ja die Höfe, waren überall mit Obstbäumen bepflanzt, zumeist mit Aprikosen und Pfirsichen, die an Größe unseren Ahorn- und Kastanienbäumen gleichkamen. In Simferopol befinden sich auch zwei große Fruchtconserven-Anstalten von Abrikossow und von Einem in Moskau; beide waren aber zur Zeit nicht in Arbeit.

Ein Fuhrwerk, welches wir nach Bachtschissarai gemiethet hatten, ließ uns leider im Stich und wir waren daher genöthigt, Nachts die Tour dorthin mit der Bahn zurückzulegen. Wir bedauerten dies lebhaft, weil gerade das Almenthal sich durch seinen Obstbau besonders auszeichnet. Nach etwa ein-stündiger Fahrt erreichten wir Bachtschissarai; dort nahm uns ein Tataren-fuhrwerk in Empfang und brachte uns in's Central-Hotel, ein tatarisches Kaffeehaus mit einigen einfachen, aber ziemlich sauberen Nummern für Reisende. Bachtschissarai, die Residenz der früheren Chane, ist als eine Reservation, gleich denen der nordamerikanischen Indianer, anzusehen. Hier leben die Tataren im strengen Glauben ihrer Väter, fest an den alten Sitten hängend.

Keineswegs darf man sich die Krimschen Tataren als krummbeinige, schlitzäugige Menschen mit hervortretenden Backenknochen denken; diese Merk-male der mongolischen Race sind hier vollständig geschwunden. Griechen und Genuesen, Gothen und Karaimen haben ihre Töchter für die Harems der Tataren hergeben müssen, während die männliche Bevölkerung durch Feuer und Schwert zum Glauben an Allah gezwungen wurde. In Folge dessen entstand hier ein Menschenschlag, der nicht allein schön, sondern auch intelligent genannt werden kann und durchaus sympathisch berührt. Ich habe bis zum Schreiben dieser Zeilen bereits Gelegenheit gehabt, den Tataren als Gärtner, Kaufmann, Landwirth, Handwerker und Fuhrmann zu beobachten und überall gefunden, daß er, abgesehen von einer den südlichen Völkern überhaupt an-geborenen Trägheit, höherer Bildung nicht unfähig ist, wenn nur die Er-ziehung der Jugend aus den Händen des Mollah in die tüchtiger Pädagogen überginge.

Der Ruf des Mollah vom nahen Minaret der Moschee weckte uns schon sehr zeitig; türkischer Kaffee mit fetter Büffelmilch wurde uns zur Stärkung, so daß wir bald unsere Wanderung durch die Stadt antreten konnten. Zum ersten Mal sahen wir orientalisches Leben um uns her. Wir passirten eine schmale Hauptstraße, an deren Seiten sich Werkstatt an Werkstatt reihte. Dies war der Bazar, in welchem sich das ganze Leben des männlichen Orientalen abspielt. Die Arbeitsstube ist zugleich Magazin, so daß die Hantirungen vor den Augen des Publicums geschehen. Wie mir schien, ist das Specialisten-thum dort hoch entwickelt. Hier sah man einen Tataren auf einer mit Hammel-fett bestrichenen Pfanne Nudeln bereiten, da einen Silberarbeiter mit Filigran-Schmuck beschäftigt; ein Bäcker schob Brod in seinen Ofen, sein Nachbar nähte an tatarischen Pantoffeln; dazwischen Buden mit Colonial- und Manu-facturwaaren, meist russische und türkische Fabrikate. In einer Garküche fertigte man vor unseren Augen ein Schaschlik an (Hammelfleisch in Stücken am Spieß über Kohlen gebraten). Das nächste Café schenkte uns aus kleinen kupfernen Kannen Kaffee aus, 5 Kopeken die Tasse. — Alles trug das Ge-präge so fremdartigen Lebens, daß wir mitunter wähnten zu träumen. Noch mehr wurden wir bestärkt in diesem Eindruck durch den Anblick des alten Palastes der Chane, welcher inmitten der Stadt liegt und wohl erhalten resp. renovirt ist. Ein großartiges Gebäude, dessen Gänge uns treppauf und treppab führen; Gemächer mit kostbaren Stoffen bekleidet und reich geschmückt mit allerlei Gegenständen von orientalischem Luxus; Grotten, Bäder und kleine lauschige Gärten, in denen das Laub heimlich rauscht und Springbrunnen plätschern; .die Haremsgemächer mit anschließendem umgitterten Garten, ein Thurm, aus welchem die Frauen der Jagd ihres Gebieters zuschauen durften; dieses Alles giebt uns ein Bild von dem früheren üppigen Leben der Chane und muthet uns an wie ein Märchen aus Tausend und einer Nacht. Den geräumigen, schattigen Hof durchschreitend, gelangten wir zur Moschee und fanden dort Gelegenheit, die Gläubigen bei ihrer Andacht zu beobachten. Zwei Mausoleen der alten Chane, sowie der Kirchhof für die Frauen und Beamten liegen nebenan. Als Grabhügel stehen nachgebildete Sarkophage da; am Kopfende ein Pfosten, an welchem, falls der Entschlafene männlichen Geschlechts war, ein Turban angebracht ist.

Da die Geschichte uns so wenig über das Leben und Treiben der Krimtataren zu berichten hat, so ist es nicht uninteressant, aus ihren Grabschriften auf ihre Anschauungsweise zu schließen. Dewlet Gherei Khan wünscht sich ein Grabmal ohne Dach, weil er den Himmel so schön und erhaben fand, daß er aus seinem Grabe nur ihn, die Wohnung Allahs, zu sehen begehrte. Ein Anderer ließ einen Weinstock auf seinen Hügel pflanzen, damit er wenigstens im Tode die Früchte bringe, an denen sein Leben so arm war. Unter einer Dachtraufe wählte Selim Gherei Khan seine letzte Ruhestätte; das herabrieselnde Wasser sollte ihn rein waschen vom Schmutze seiner Sünden, deren er so viele zu haben glaubte, wie Tropfen aus einer Wolke fallen.

Da es uns interessirte, auch die in der Nähe liegende uralte Trümmerstadt der Karaiten Tschufut-Kalé in Augenschein zu nehmen, so bestiegen wir ein paar ruhige Pferde und begaben uns mit unserem nebenbei trottenden Führer, einem Tataren, auf den Weg. Es war ein origineller Bursche, der einige französische Worte irgendwo aufgeschnappt hatte und gelegentlich zum Besten gab. Ziemlich bejahrt, war er doch noch Junggeselle und als wir ihn fragten, weshalb er sich kein Weib nehme, meinte er, das sei ihm zu theuer. Die Tataren kaufen sich nämlich ihre Frauen und obgleich der billigste Preis für eine solche 15 Rubel beträgt, so tauge die Qualität unter 200 Rubel als Hausfrau doch nichts und so viel habe er sich in seinem Leben noch nicht ersparen können. Hieraus erklärt es sich, daß man die Polygamie unter den Tataren selten antrifft, obschon sie gestattet ist, und auch der Familiensinn ist weit entwickelter als bei den Osmanen.

Langsam erstiegen wir die Höhe und ließen uns dann auf dem Jahrtausende alten Kirchhof der Karaiten nieder. Wilde Perlhyacinthen und Päonien wucherten an den Wegen, herrliche Eichen beschatten die Gräber und auch viele neue Monumente aus Marmor schmücken den geheiligten Ort, in dessen Erde so Mancher ruht, der fern von der Heimath gelebt und gestorben.

Die Karaiten, auch Karaimen genannt, sind bekanntlich eine jüdische Secte, die etwa im 8. Jahrhundert nach Christi von Anan gestiftet wurde. Sie erkennen nur das alte Testament, nicht aber den Talmud und die Rabbiner-Ueberlieferungen an. Bisher bestand diese Secte nur ausschließlich in der Krim und bewohnte Tschufut-Kalé; die Anzahl der Anhänger ist sehr zusammengeschmolzen. Nach dem Krimkriege waren dort noch etwa 40 Familien ansäßig, heute nur 4.

Die sehr werthvolle Bibliothek und die Handschriften sollen vor einigen Jahren von den Nachkommen des letzten Rabbi der öffentlichen Bibliothek in Petersburg für 80,000 Rubel verkauft worden sein.

Die Stadt, deren frühere Einwohnerzahl auf etwa 7000 angegeben wird, liegt in Trümmern; augenblicklich befindet sich dort nur ein Verwalter der Karaiten, welcher das Besitzrecht der Gemeinde aufrecht erhält. Schwere Zeiten muß Tschufut-Kalé durchgemacht haben, denn nicht allein die Mauern, auch die Höhlenwohnungen weisen darauf hin, daß sie oft die letzte sichere Zufluchtsstätte gegen den Andrang von Völkern in der Krim waren. Wenn man die leeren Straßen, die zertrümmerten Häuser und die Krypten durchwandert, so fallen Einem unwillkürlich die Worte Uhlands ein:

> Nur eine stolze Säule
> Zeugt von verschwundner Pracht;
> Auch diese schon geborsten,
> Kann stürzen über Nacht.

Herrlich war die Aussicht aus den Fenstern der Krypten und von der Höhe! Mit nebligem Haupte zeigte sich uns der Tschatir-Dagh, der höchste Berg der Krim; unten zahlreiche Tatarendörfer und weite Obstplantagen, rechts die gothische, später genuesische Festung Mangup. Auf den in Stein gehauenen Straßen von Tschufut-Kalé kletterten wir hinunter, bestiegen unterhalb des Felsennestes die Pferde und obschon der Weg noch immer colossal steil war, so führten uns die klugen Thierchen, die ihren Fuß mit Bedacht zu setzen gewohnt sind, wohlbehalten zum Grunde der Schlucht.

Eine romantische Felsenscenerie that sich vor uns auf. Gewaltige baumlose Blöcke, zerklüftet und geborsten, erinnerten diese weißen Sand- und Kalksteinpartien äußerlich an den Quaderstein der sächsischen Schweiz.

Vorüber dem wie ein Schwalbennest am Felsen haftenden Uspenski-Kloster, zwischen Dörfern, Aprikosen- und Nußplantagen brachte uns unser Führer zurück nach Bachtschissarai —, dort fanden wir eine bequeme Equipage bereit, uns für 6 Rubel nach Sewastopol zu bringen. Prächtige Thäler und Obstgärten, die sich längs den Bächen hinziehen, passirten wir dabei; die Bäume, meist Halbstämme, waren gut gepflegt und von üppigstem Bau, manche Anlagen enorm groß: so soll z. B. die eine bis 30,000 Rubel jährliche Pacht eintragen.

Recht ermüdet langten wir in Sewastopol an, allein die Nachtruhe in den bequemen Betten erquickte uns, so daß wir den folgenden Morgen die Fahrt nach Jalta per Achse antreten konnten. In der ganzen Krim haben die Istwoschtschiks leichte und sehr bequeme Phaetons; der von uns geforderte Preis für die etwa 110 Werst weite Strecke über das Gebirge betrug 27 Rubel.

Mit den für diese Fahrt nothwendigen Conserven versehen, erreichten wir zunächst das Georgien-Kloster, dessen Lage auf hohem, zerklüfteten Felsen eine herrliche zu nennen ist. Weiterhin kamen wir durch hügeliges Land in jene Gegend, wo einst der Tempel der Artemis gestanden haben soll, in welchem Iphigenie als Priesterin gewaltet. Die schattigen Haine sind aber verschwunden; öde liegt der Ort da.

An Weinbergen und Obstgärten vorüber, die zumeist einem Besitzer gehören, langten wir später in dem kleinen Städtchen Balaklawa an und fanden im Hotel Central gastliche und billige Aufnahme.

Nach den Ansichten von Dubois de Montpéreur, welche von dem berühmten Botaniker Karl Koch und von unserem großen Landsmann Karl Ernst von Baer sehr energisch unterstützt worden sind, dürften die Fahrten des Odysseus zum großen Theil in das Schwarze Meer zu verlegen sein; Balaklawa wird für die Bucht der Lästrygonen gehalten.

Baer sagt, indem er Bezug nimmt auf die Odyssee X, 80—133: „Es war also ein arges Räubervolk hier und Lästrygonen heißt geradezu Räuber. Die Menschenfresserei ist wahrscheinlich Zusatz des Dichters oder Zusatz der griechischen Sage, denn von außerordentlicher Wildheit und alle Fremden tödtend dachten sich die Griechen auch noch in späterer Zeit die Taurer, die Urbewohner von Taurien oder der Krim.

„Kein Fremder nahet glücklich unserm Ufer,
Von Alters her ist ihm der Tod gewiß.“
(Iphigenie auf Tauris.)

Die Bucht von Balaklawa ist wie geschaffen für Seeräuber, da man von dem vorliegenden Felsrücken weit in die See schauen kann, um Beute zu erspähen, die Anwohner der Bucht aber den engen und gewundenen Eingang leicht gegen anbringende Feinde vertheidigen können. Aus späterer Zeit berichtet uns Strabo, daß aus dem Hafen Symbolon (so heißt bei ihm die Bucht von Balaklawa, deren engen Eingang er kennt) die alten Taurer, ein scythisches Volk, ihre meisten Räubereien verübten, die dahin Flüchtenden überfallend. Das die Odyssee von dem Hafen der Lästrygonen sagt, paßt so vollständig auf die Bucht von Balaklawa, daß die Uebereinstimmung unmöglich eine zufällige sein kann.“

Unter diesen Eindrücken mietheten wir uns ein Boot und befuhren die Bucht bis hinaus in's Meer. Links oben auf dem Felsen liegen die Ruinen einer bedeutenden genuesischen Festung mit wohlerhaltenen Thürmen und Mauern; zu beiden Seiten der Bucht erheben sich steile Klippen. Dort, wo Odysseus bei seiner Landung wahrscheinlich sein Fahrzeug befestigt hat, nahmen wir als classisches Andenken für unsere Schuljugend daheim einige kleine Stücke des Lästrygonensteines mit.

Die Ausfahrt zum Meere hat eine Tiefe von 20 Faden, ist aber so schmal, daß dieselbe beim Sturme nicht forcirt werden kann. Circa 20 englische Schiffe scheiterten bei einem derartigen Versuch während des Krimkrieges.

Die Felswand, auf welcher ganz oben die trotzigen Thürme der Genuesen weit in's Meer hinausschauten, bietet einen merkwürdigen Anblick; unten der feste Kalkstein und oberhalb ein Conglomerat von Granitblöcken, eingebettet in einen cementartigen Lehm, als ob Riesenkräfte mit hausgroßen Blöcken und reichlichem Mörtel eine Mauer aufgeführt hätten.

Unten am Felsen liegt eine Grotte, in welche wir mit unserem Boot hineinfuhren; während draußen auf dem Meere ein frischer Wind wehte, herrschte hier eine himmlische Ruhe. Die Fischer, meist intelligente Griechen von hübschem Aussehen, erzählten auch, daß in dieser Bucht selbst bei größtem Sturme nie ein Wellenschlag zu bemerken sei.

Für Brustkranke ist Balaklawa ein vorzüglicher Aufenthaltsort, da weder Winde noch schroffer Temperaturwechsel den Ort treffen. Das Leben ist außerordentlich billig, die Luft rein und kräftig, Alles athmet Ruhe und Einsamkeit.

Gerne hätten wir dort für einige Tage Rast gemacht, allein das Fuhrwerk nach Jalta war gedungen und stand uns ja auch noch Schöneres bevor.

Auf einer prächtigen Chaussee ging es zwischen Hügeln und Bergen allmälig immer höher hinan; herrliche Fernsichten und tief bewaldete Schluchten thaten sich vor unseren Blicken auf, bis wir gegen Abend in einem tatarischen Dorf, kurz vor dem Baidarthor, dem Glanzpunkte unserer Tour, übernachten mußten.

Es war das erste Mal auf der ganzen Reise, daß wir in ein schlechtes Gasthaus geriethen; gar kein Comfort, kleine dunkle Zimmer, schlechte Betten und durchaus unzureichende Bedienung. Die Ermüdung und die frische Berg-luft ließen uns aber auch dieses vergessen und früh Morgens stärkte uns ein leiblicher Kaffee zur Weiterfahrt. Eine Ueberraschung und Erinnerung an Riga wurde uns noch vorher zu Theil; wir fanden auf einem Fenster des Hauses einen blühenden Geranium in einer leeren Conservenbüchse, welche wahr-scheinlich von Reisenden i. J. benutzt und bei Seite geworfen worden war.

Ein Viertelstündchen Fahrt durch schattige Wälder und wir erreichten das Baidarthor. Es ist ein einfacher Porticus, niedriger als die Alexander-pforte in Riga. Der Fuhrmann fährt Schritt — da plötzlich eröffnet sich dem Auge ein Bild von so berückendem Zauber, daß es in des Wortes wahrer Bedeutung unbeschreiblich schön ist.

Man befindet sich circa tausend Fuß über dem Wasserspiegel und doch steigen die gewaltigen Felsen des Jaila-Gebirges zu einer noch weit beträcht-licheren Höhe empor. Unten liegt das herrliche Meer im Glanz der Morgen-Sonne, Farbentöne von undefinirbarer Wirkung prägen sich tief in's Gedächtniß ein und machen den Eindruck unvergeßlich!

Während das Auge nicht müde wird, immer wieder und wieder zu schauen, fährt man wie auf Asphaltwegen hinab in's Thal, bald auf- bald absteigend, in steten Windungen und unter wechselnden Scenerien.

Ein treffliches geologisches Bild, das uns von großen vulkanischen Kräften der Vorzeit erzählt, bietet uns das etwa 4000 Fuß hohe Jaila-Gebirge. Die Tertiärformation waltet vor, darunter die Jurabildung; auch mächtige devonische Erscheinungen treten zu Tage.

Als das Meer — so schließt Alexander von Humboldt — einstmals bei Gibraltar durchbrach, die Sahara trocken legte und die Zerklüftungen an den Ufern des jetzigen Mittelländischen Meeres hervorbrachte, da trat auch das Schwarze Meer in seine jetzige Gestalt, nachdem das russische Binnenmeer sich zurückzog und uns das immense Lager von organischen Resten im Черноземъ nachließ. Offenbar kann auch nur das Zurücktreten des Wassers die Felsen-klüfte und Formationen des Jaila-Gebirges am Pontus bloßgelegt haben; in urgrauer Vorzeit werden wohl nur die Gipfel desselben Land gewesen sein.

Zwischen diesem redenden Gestein windet sich die Poststraße auf und ab; herrliche Baumriesen beschatten den Reisenden und wo dieselben zurücktreten, bringt der erfrischende Seewind Kühlung. Vier Vegetationsgebiete kann man vom Meere aus bis zum Hauptgebirge erkennen. Am Gestade die Palme (Chamaerops excelsa) und der Lorbeer, dann ansteigend die Cypresse mit dem Kirschlorbeer, die kleinblätterige orientalische Ulme und die Eiche (Quercus pubescens); hoch oben Buchen und zuletzt die Kiefer (Pinus taurica). Echte Weintrauben und Clematis vitalba schlingen sich wild als Lianen an den Bäumen empor und hängen wie Stricke von den Zweigen herab. Epheu steigt bis in die höchsten Wipfel, während unten wilde Rosengebüsche von besonderer Ueppigkeit wuchern.

Nach Jalta zu wird der Weg immer lieblicher; man fährt an Weinbergen,

Villen und Gärten vorüber, zwischen echten Kastanien, Oliven, Granaten und mächtigen Wallnußbäumen. Alupia und Orianda passirend, gewahrt man von Livadia aus schon das freundlich in einem Kessel liegende Jalta.

Berauscht von all dem genossenen Schönen und auch ermüdet langten wir in diesem Städtchen an und fanden im Hotel die beste Aufnahme.

Bezaubernd war der Anblick vom Balcon desselben. Zu Füßen die saubere Stadt mit dem vielen Grün, gen Westen, Norden und Nordosten durch hohe Berge geschützt, in deren Schluchten man den Schnee noch wahrnehmen konnte; im Osten und Süden das blaue Meer. Es wehte damals ein ziemlich heftiger Nordwind, allein in Jalta war Alles still, denn über unsere Köpfe hinweg traf derselbe etwa 1000 Schritte von uns das Wasser des Meeres, was wir durch unser Binocle deutlich sehen konnten.

Wir hatten in Riga so viel von Jalta gehört, daß wir voll Interesse daran gingen, uns in dieser Stadt möglichst zu orientiren. Bald gelangten wir denn auch zur Ueberzeugung, daß man dort trotz des herrschenden großen Luxus je nach Belieben ebenso billig oder theuer wie bei uns am Strande leben kann.

Theurer als bei uns sind Molkereiproducte, Bier und Kleider. Butter z. B. kostet in bester Waare 1—1½ Rubel pro Pfund, die zweite Sorte 50—70 Kopeken.

Billiger als in Riga stellt sich natürlich der Wein und der Caviar; letzteren kaufte ich in hochfeinster Qualität zu 1¼ Rubel das Pfund und für Wein hatte ich nur ein Drittel der Rigaer Kellerpreise zu entrichten. Was eine Unterkunft betrifft, so steht Einem ein hübsches Zimmer für 15—20 Rubel monatlich zur Verfügung; nur in der Hauptsaison zwischen August und November wird durch den großen Zudrang von Fremden Alles theurer.

Unter den 23 Aerzten in Jalta traf ich zwei uns Ostseeprovinzialen nahestehende. Einen Rigenser, Herrn Dr. Andresen, der sich hier vor kurzer Zeit niedergelassen und eine lebhafte Praxis besitzt, und Dr. Weber, vor 2 Jahren Leiter der Nordstroemschen Anstalt in Dubbeln — augenblicklich Besitzer der Pension Ouisisana.

Bei einem Besuch der letzteren wurden wir auch von Herrn Dr. Weber dreien seiner Patienten — Livländern — vorgestellt und versicherte mich der eine, er fühle sich cannibalisch wohl seit seiner Anwesenheit in Jalta.

Die Anstalt macht einen sehr comfortablen, angenehmen Eindruck. Eine herrliche Aussicht, schöne, reine Luft, eine junge Gartenanlage, deren gewundene Wege sich zu engeren Terraincuren eignen, dazu vorzügliche Verpflegung und heiteres Familienleben; alle diese Vorzüge lassen das Pensionat Ouisisana als sehr empfehlenswerth für Leidende erscheinen. Gegen eine Zahlung von 80 Rubel monatlich erhält man in derselben ein freundliches Zimmer nebst Wäsche und Bedienung, Morgens und Abends einen Samowar, warmes Frühstück mit zwei Gängen und Thee und Mittags 3—4 Speisen und Kaffee.

Denn gesunden Reisenden, der in Jalta nur Erholung und Vergnügen sucht und nicht beabsichtigt, sich einem Familienleben anzuschließen, dürfte es willkommener sein, im palastartigen Hotel Rossija Logis zu nehmen, wo er entsprechend seinen Mitteln grandios oder billig leben kann. Herr Staubisch, der Besitzer des Hotels, ist ein sehr aufmerksamer und zuvorkommender Wirth. Die Nummern sind von 1½ Rubel an zu haben; begiebt man sich aber auf einen Monat in Pension, so erhält man Wohnung, Verpflegung und Beköstigung für circa 80 Rubel.

Zu etwaigen brieflichen Auskünften sind sowohl Herr Dr. Weber, wie auch Herr Staubisch, der Besitzer des Hotel Rossija, und Herr F. Schulz, Verwalter des Hotel Edinburg, ein prächtiger alter Herr, gerne bereit, so daß jeder Reiseplanende schon zu Hause sein Budget machen kann.

Zu der Fahrt von Riga nach Jalta braucht man dritter Klasse ohne Beköstigung ca. 30 Rubel, zweiter Klasse etwa 80 Rubel, selbstverständlich wenn man den directen Weg wählt.

Das Fuhrwesen ist in Jalta, wie überhaupt in der Krim, recht ausgebildet; die phaetonartigen, viersitzigen, eleganten Korbwagen haben entweder ein Lederverdeck oder ein weißes Sonnenzelt, ähnlich einem großen Schirm. Die Taxe für die erste Stunde beträgt 70 Kopeken, für die folgende 50 Kopeken. Auch die besonderen Touren haben ihre festen Preise.

Die prachtvollen Straßen und Chausséen eignen sich sehr für Terrain-Curen; überall herrliche Seeluft und häufiger Schatten. An den Wegen rieseln Quellen nieder, die zum Thal fließend in Röhren aufgefangen und zur Bewässerung der Gärten und Weinberge benutzt werden.

Wenn man den Reisenden Sewastopol als den einen Stützpunkt für Ausflüge mit historischem Interesse empfehlen kann, so muß man Jalta als den Ausgangspunkt für Touren von landschaftlichem Reize wählen. Für Reiter sind diese Excursionen ganz endlos ergiebig. Auf den kleinen, vorsichtig schreitenden, aber schnellen Tatarenpferden sitzt es sich, da sie Paßgänger sind, vortrefflich. An Miethe für ein solches Thier zahlt man täglich 3 Rubel; 5 Rubel nebst begleitendem Reitknecht, einem schmucken, kokett gekleideten Tataren in Nationaltracht. Tatarische und englische Sättel für Herren und Damen stehen reichlich zur Disposition.

Von rauschenden Vergnügungen bietet Jalta — außer etwa zur Saisonzeit — nicht viel; ein russisches Theater, Musik im Stadtgarten, hin und wieder Concerte. Erwähnenswerth erscheint mir aber, als mitten in der Stadt liegend, der schöne, etwa 50 Dessätinen große Obstgarten des Grafen Mordwinow.

Die Badeverhältnisse in Jalta sind ziemlich primitiver Natur; warme Seebäder kosten 50 und 75 Kop., kalte 5 Kop. Da der Meeresboden mit großen Kieselsteinen bedeckt ist, badet man nur mit Pantoffeln. Der Salzgehalt des Wassers beträgt 16 pro Mille gegenüber 10 pro Mille in Arensburg und 6 pro Mille bei Reval. Die mittlere Temperatur des Meerwassers und der Luft ergiebt bei Jalta nach 8 Jahrgängen folgende Mittelzahlen in Réaumur:

Im Jahre	Januar	Februar	März	April	Mai	Juni	Juli
Wasser	12,0	7,0	6,0	7,0	9,0	13,0	17,0	18,1
Luft	10,8	3,7	3,0	5,4	2,8	12,8	17,0	18,7

	August	September	October	November	December
Wasser	18,2	15,9	13,6	11,0	9,0
Luft	19,0	15,2	11,4	10,6	5,5

Diese Tabelle illustrirt dem Leser in treffender Weise, welchen Werth Jalta als Luftcurort und Seebad besitzt. Als Hafen war dieser Ort bisher bedeutungslos, allein bereits ist man damit beschäftigt, eine große Mole über die Bucht zu legen und in zwei Jahren dürfte die ganze Anlage ihrem Zwecke entsprechen.

An einem warmen Tage machten wir einen Ausflug auf der Nordseite des Hügels nach dem etwa 1½ Stunden entfernten Wasserfall. Der Weg führte zwischen Villen auf den Vorhöhen zum Jallagebirge. Durch die Holzverwüstung haben die Vorberge ihren uralten Schmuck so ziemlich verloren; überall an der Südküste bemerkt man bei den wilden Bäumen einen pygmäenhaften Wuchs, während man in den Kronsforsten noch einen Wald mächtiger Riesen von Pinus taurica findet, dazwischen starke Buchen, welche sonst an der Südküste wenig vorzukommen pflegen.

Der Wasserfall, den wir erreichten, bot einen pittoresken Anblick dar; der kleine Bach stürzt in eine wild zerklüftete Schlucht etwa 300 Fuß tief; schon beim ersten Satz langt das Wasser als Staub an, sammelt sich dann und fällt cascadenartig weiter. Auf der Rückkehr durch Weinberge, Tabakplantagen, Obstgärten und Tatarendörfer erstiegen wir die Ruine einer uralten kleinen Burg, die wahrscheinlich noch aus der milesischen Zeit herstammt.

Alle Datschen und Güter, welche links und rechts von Jalta liegen, haben prachtvolle Scenerien und Fernblicke und produciren die edelsten Reben. Auf der Tour nach Osten ist zunächst das durch seinen Weinbau und die großartige Felsgrotte bekannte Gut Massandra zu nennen; dasselbe ist kürzlich ebenso wie das etwa zwanzig Werst weiter gelegene Ai-Danil aus den Händen der Fürstin Woronzow in den Besitz Sr. Majestät des Kaisers übergegangen.

An diesen Ort reiht sich Nikita, die erste Gartenbauschule Rußlands. Das Arboretum dieser Anstalt weist namentlich eine Menge herrlicher Coniferen auf: Cedrus Libani, wie sie wohl schöner schwerlich auf dem Libanon vorkommen kann; Wellingtonia gigantea, der Riesenbaum Californiens, der im Vaterlande das Alter von einigen tausend Jahren erreicht und zu thurmhohen Exemplaren heranwächst; Pinus Russiliana, Abies Pinsapo und orientalis, eine mannsdicke Gingko biloba, eine der interessantesten Coniferen der Welt. Kaum dürfte wohl noch eine zweite Collection Nadelhölzer in so vorzüglichem Zustande anderswo in Europa zu finden sein. Für den nordischen Gärtner ist Nikita eine wahre Fundgrube und fällt es selbst dem Pflanzenkundigen schwer, manches Gewächs, das er bisher nur als kümmerliches Exemplar im Treibhause gesehen, in seiner Vollkommenheit und Größe hier wiederzuerkennen. Auch die Laubhölzer, die immergrünen Ziersträucher und die Schlingpflanzen waren reich vertreten und überall Namen an den Bäumen in deutlichen Etiquets, eine Einrichtung, die sich auch für die Rigaer Stadtanlagen empfehlen dürfte; denn mit der Zeit würde es wohl dann seltener vorkommen, daß mancher Gebildete z. B. eine Ulme von einer Linde nicht zu unterscheiden im Stande ist.

In Herrn Claussen, Obergärtner in Nikita, lernte ich einen ebenso gebildeten wie liebenswürdigen Fachmann kennen, der mir bereitwillig Auskunft ertheilte, wo mein Wissen im Gartenbau des Südens zu Ende war. Ein Hain großer Korkeichen, die jährlich Früchte tragen, dürfte für die Cultur derselben im Kaukasus nicht ohne Bedeutung sein. Zwei große Palmen

(Chamaerops excelsa) — ein männliches und ein weibliches Exemplar — standen am 4. Mai gerade in Blüthe; dieselbe ist gelb und werden vom weiblichen Baum alljährlich reife Früchte hervorgebracht. Herrliche Pyramiden-Cypressen sind entweder zu Gruppen vereint, die kühlenden Schatten spenden, oder sie bilden ganze Wände. dunklen Grüns. Echtes Bambusrohr (Bambusa nigra) sah ich an den Bassins geradezu wuchern, ebenso große Haine von Magnolien in Knospen. Nikita hat unbedingt das Verdienst, die meisten jetzt das Südgestade zierenden Gewächse eingeführt und dort verbreitet zu haben. Die früherhin bedeutende Baumschule ist zur Zeit leider sehr zusammengeschmolzen und laut Ordre des Herrn Ministers sollen fortan nur solche Artikel ange-zogen und verkauft werden, welche unbekannt sind; eine Massenproduction soll nicht mehr stattfinden. Unzweifelhaft werden dadurch bald viele Handels-gärtnereien an der Südküste entstehen, die den Bedarf an Gewächsen zu decken bestrebt sein werden. Nach dem Auftreten der Blutlaus im Nikitaer Garten wurden vor einigen Jahren alle Kernobstbäume vernichtet und keine weiter angezogen, so daß auch die Obstbaumschulen auf ein Minimum reducirt sind. Der Weinbau in Nikita steht auf einer vorzüglichen Stufe und der dort gekelterte Traubensaft gehört zu den besten der Südküste.

Nachdem wir von Nikita auf die Poststraße zurückgekehrt waren, führte uns unsere Route weiter nach Jursuff. Auf diesem Wege gewahrte ich zuerst, daß die Cypresse in der Krim auch wild vorkommt —, als Zwergbaum von nicht bedeutender Stärke —, aber nur in sterilem Boden und oft in Gemein-schaft mit Wacholder (wahrscheinlich Juniperus sirica). Weiter hinabfahrend, sahen wir den Agu-Dag, einen riesigen Felsen, der sich vom Hauptgebirge losgelöst zu haben und in's Meer gefallen zu sein scheint, wo derselbe nun ein Vorgebirge bildet; an ihn lehnt sich ein Tatarendorf und diesem gegen-über liegt Jursuff, die Besitzung des Herrn Gubonin: ein von Rosen um-ranktes Landhaus, von einem schönen Park eingefaßt, in dem Granaten, Lor-beeren, Pittosporum und Viburnum laurus tinus Gebüsche bildeten, wie bei uns die Syrenen und Hollunder. In vorzüglicher Cultur standen die Wein-berge des Besitzers. Mehrere Hotels in der Nähe können sich mit den feinsten Restaurants Europas messen, selbst die elektrische Beleuchtung im Freien gab Zeugniß von der lebhaften Frequenz des Ortes und von den Ansprüchen der vornehmen und reichen Gäste. Im nebenanliegenden Tatarenstädtchen, dessen Be-wohner sich durch die häufige Berührung mit Fremden weniger streng abge-schlossen halten, machte ich die Bekanntschaft des tatarischen Kaufmanns Seid-Tumer, der uns seine Behausung zeigte. Das äußerlich ärmliche Häuschen sah innen recht wohnlich aus; im kleinen Hof saß seine Frau mit einem Kinde und eine offene Treppe führte uns in eine Reihe Zimmer, in denen kein Stäubchen zu sehen war. Die gestrichenen Dielen, die Polster an den Wänden, kleine Nippsachen auf den Schreinen, die Küche, deren Herd aus einem Kamin bestand, Alles machte einen freundlichen Eindruck; nur ein kleiner Tatarenbengel in einer eisernen Wiege schrie jämmerlich, offenbar wohl aus Hunger, denn es waren die großen Ramasanfasten, in welchen die Mohame-daner Tags über weder essen noch trinken dürfen.

Bei dem an prächtigen Fernblicken reichen Orianda treten die Fels-gruppirungen bereits lebhafter hervor als bei Jalta und Livadia; kleine Bassins mit überall hin rieselndem Wasser geben der südlichen Vegetation eine besondere Frische. Das herrliche, im italienischen Styl erbaute Schloß brannte leider

vor einigen Jahren nieder und steht heute noch als Ruine da. Der groß-
fürstliche Besitzer, dem wir im Park zu begegnen die Ehre hatten, wohnt in
einem Pavillon.

Malerisch liegt auf einem Vorgebirge der Leuchtthurm El-Tudor, oberhalb die gleichnamige Datsche des Großfürsten Michail Nikolajewitsch und
weiterhin noch viele Besitzlichkeiten vornehmer und reicher Leute. Ganz besonders auffallend durch sorgfältige Pflege und lebhaft an die Hamburger
Parks bei Uhlenhorst erinnernd, ist der Landsitz des Kaufmanns Totschatow
bei Mischor; sehr wirkungsvoll machte sich eine lange Allée von Pyramiden-
Cypressen, die von einer Hecke Monatsrosen in voller Blüthe eingefaßt war.

Durch Pinien- und Olivenhaine fahrend, erreichten wir alsdann das
vom alten Fürsten Woronzow aus dem Krimschen Marmor (Grünstein) erbaute Schlößchen Alupka, dessen Fronte im Style der Alhambra gehalten ist,
während der Hof in reiner Gothik so geschickt abschließt, daß Alupka wohl
zu den schönsten Bauten Europas zählen kann. Alle die wunderbaren Reize
der Besitzlichkeit, deren Parkanlagen einen eigenthümlich fesselnden orientalischen
Charakter tragen, einzeln anzuführen, dürfte dem Leser ermüdend werden.

Bei unserer Rückkehr nach Jalta besuchten wir auch das in der Nähe
liegende Kaiserliche Lustschloß Livadia und das hoch auf dem Berge erbaute
Eryklik. Obschon dieselben zur Zeit unbewohnt waren, mußten wir uns doch
vom Verwalter eine Einlaßkarte verschaffen, die wir wiederholt vorzuweisen
hatten. Außer dem originellen Pavillon Sr. Kais. Hoh. des Thronfolgers,
in rein tatarischem Styl gehalten, sind die Bauten in Livadia durch nichts
Besonderes ausgezeichnet; was aber die Natur selbst hervorgebracht, ist schön
und großartig. Der Park, ein Waldidyll mit wenig Fernblicken, scheint wie
geschaffen für Menschen, die sich vom Gewühl des Lebens zurückziehen. Von
der Pracht der Lustschlösser um Petersburg herum war hier nichts zu bemerken.
In vorzüglicher Cultur stehende große Weinberge umgeben Livadia nach Jalta
zu; der dort gewonnene Wein, dessen Vertrieb Herr A. Lomatzsch in Petersburg in Händen hat, zählt zu den feinsten der Südküste. Etwa 1500 Fuß
hoch, gerade über Livadia, befindet sich das luftig gelegene Eryklik, welches
Ihrer Majestät der verstorbenen Kaiserin seine Entstehung verdankt und einen
weiten Ueberblick nach vielen Seiten hin gestattet. Die etwas niedriger gelegene Ferme mit einer stattlichen Heerde Allgäuer — alle von grauer Farbe
— erregte unser lebhaftes Interesse; allerliebst sahen die munteren Kälber aus,
mächtig im Zwinger der Stier von Uri.

Im scharfen Trabe führten uns die schnellen Tatarenpferde in's Thal
hinab und bald waren wir in Jalta, umgeben von Magnolien und Cypressen.

Was nun den Handel an der Südküste der Krim betrifft, so wird fast
Alles importirt und zwar aus Odessa oder Kertsch. Aber auch für den Absatz
von Rigaer Fabrikaten, von denen ich bereits die der Firmen Wolfschmidt
und Ruhtenberg vertreten fand, erscheint mir dieser Küstenstrich nicht unwichtig,
denn der Consum und Verkehr hier, namentlich vom Juli bis zum December,
ist bedeutend.

Welche Wege manche Industrieerzeugnisse bei ihrer Verbreitung doch
mitunter zu nehmen pflegen, zeigte mir beispielsweise die orientalische Kopf-
bekleidung, der Fez, von dem hier im Süden, sowie im Kaukasus ein massen-

hafter Verbrauch stattfindet. Nach Rußland kommt er aus Konstantinopel, fabricirt wird er aber in Wien und hat also nicht allein den russischen, sondern auch den türkischen Eingangszoll zu tragen, bevor er in die Hände der Consumenten gelangt.

Irgend welche Industrie existirt an der Südküste der Krim nicht. Die Landwirthschaft beschränkt sich auch nur auf Schaf- und etwas Rindviehzucht. Obwohl die taurische Race des Hornviehes nur etwa die Größe unserer livländischen hat, so werden die Ochsen doch in's Joch gespannt und ziehen je zwei vor einer Fuhre schwere Lasten; dort, wo das Terrain es zuläßt, wird auch mit denselben gepflügt. Die Kühe geben wenig Milch, doch die damit handelnden Tataren, welche dieselbe in langen schmalen Bütten zu beiden Seiten des Sattels hängend transportiren, wissen durch Zusatz von Wasser der Rentabilität ihres Geschäft nachzuhelfen. Nur auf den Fermen der Güter wird Butter und Käse verfertigt und Schmant verkauft.

Die kleinen Naturheuschläge, welche ich allein dort sah, wo sich reichlich Wasser vorfindet, standen dicht und üppig. Vorwaltend fand ich Hordeum- und Avena-Arten vertreten, selten Klee; Esparcette und Luzern werden als Futterkräuter gesäet.

Der Preis für aus Odessa importirtes Preßheu schwankt an der Südküste zwischen 5—7 Rubel per Berkowez; Hafer wurde an Consumenten mit 70 Kopeken per Pud abgelassen.

Bei dem hohen Werth der Molkereiproducte dürfte die Anlage einiger Fermen mit Stallfütterung hier meiner Ansicht nach durchaus Rechnung geben.

Der Gartenbau spielt an der Südküste der Krim gar keine Rolle, die Natur macht eben Alles. Recht häufig vermißt man hier und da die kundige Hand des Gärtners; der Laie natürlich empfindet diesen Mangel nicht, denn ihn entzückt gerade die Ueppigkeit der Vegetation, die ihn überall umgiebt.

Rosen gedeihen hier vortrefflich, allein zumeist sind es die gewöhnlichen Monatsrosen; Remontant- und Theerosen findet man nur in bevorzugten Gärten und wenige Hochstämme. Eine hiesige aus Samen der Maréchal Niel erzogene Sorte ist übrigens der Beachtung werth, weil sie reicher blüht als die Stammform und ein etwas zarteres Gelb zeigt! sie ist auch in Riga bereits bekannt unter dem Namen Alupla. Jedenfalls besitzen wir im Norden ein viel reicheres und schöneres Sortiment, besonders von Thee- und dunkeln Remontantrosen.

In erfreulicher Entwickelung befindet sich der Bau des türkischen Tabaks und namentlich geben die Tataren sich demselben mit einem Eifer und Geschick hin, die beweisen, wie lohnend dieser Erwerbszweig in Folge des hohen Eingangszolles ist. Die Cultur dieser Pflanze in der Krim dürfte kaum zehn Jahre zählen, scheint aber, wenn man die rasche Ausdehnung in Betracht zieht, für jene Gegend dieselbe Bedeutung zu haben wie der Weinbau. Die von der kleinasiatischen Küste herstammende Sorte Namens Samsun lieferte eine vorzüglich aromatische Qualität, die hauptsächlich von Rostower Fabrikanten aufgekauft wird. Für den Rohtabak hat man hier bereits 40 Rubel per Pud bezahlt; der Preis soll aber voriges Jahr bis auf 15 Rubel gesunken sein.

Die Cultur findet auf den für Weinbau weniger günstigen Abhängen mit Mergelboden statt, welche durch kleine Bäche berieselt werden können. Die Aussaat geschieht in Pallen Ende März; während der ersten Tage des Mai werden die etwa 2—3 Zoll hohen Pflänzchen in Furchen gepflanzt und angegossen, später häufig berieselt und gejätet. Nach der Ernte bindet man die Blätter in Bündel und läßt sie in einer offenen Scheune welken, dann werden sie zum Fermentiren in Haufen gelegt und sind nach diesem Proceß für den Handel fertig. Ueber die Gesammtproduction des Tabaks an der Südküste der Krim konnte ich keine Auskunft erhalten, doch ist sie jedenfalls bedeutend.

Eine untergeordnete Rolle nimmt hier außer der Nußcultur der Obstbau ein, während er in der Nordkrim bei Simferopol, Karassubazar und in den Thälern der Alma in herrlichster Blüthe steht. Selten sieht man hier einen guten, gesunden Fruchtbaum.

Von Steinobst gedeiht nur die Süßkirsche resp. die spanische gut und giebt in mergeligem Lehmboden mächtige Bäume, gleich den Kastanien bei uns im Norden.

Die Pflege der Feige und der Granate scheint mir ziemlich vernachlässigt, was wohl auch mit den wenig ergiebigen Ernten zusammenhängen mag. Dagegen treten Oliven schon in hübschen Beständen auf und der Baum wächst gut, wo ihm die nöthige Sorgfalt zu Theil wird. Die Früchte kommen frisch und gesalzen in den Handel, Oel wird daraus nicht gepreßt. Prächtig gedeiht, wie schon oben erwähnt, das Schalenobst; von der herrlichen Entwickelung der Wallnußbäume kann man sich bei uns keine Vorstellung machen. Der Habitus eines solchen Riesen, der gut bewässert etwa 30—40,000 Nüsse bringt und im Stande ist, eine ganze Tatarenfamilie zu ernähren, erinnert nur in etwas an unsere größten Silberpappeln. Drei Sorten werden cultivirt, darunter auch die dünnschalige Grenobler. Außerdem findet man sehr reichlich vertreten und in üppigster Vegetation die Riesenhaselnuß, besonders an Stellen welche genügend feucht sind; die Sträucher erreichen eine Höhe von 20 Fuß Soweit ich in Erfahrung bringen konnte, werden nur zwei kleinasiatische Sorten gezogen: Trapezunt (eine Lambertnuß) und Badem (eine Zellernuß) welche 4—5 Rubel per Pud erzielen. Der Garten des Grafen Mordwinow in Jalta, dessen ich bereits früher erwähnte, soll jährlich circa 5000 Rube nur für Haselnüsse einbringen.

Auch die Mandel wächst an der Südküste üppig, wird aber zu wenig cultivirt, als daß die Frucht, die an Ort und Stelle frisch verzehrt wird einen nennenswerthen Handelsartikel abgäbe. Der Weinbau jener Gegend über den ich bereits theoretisch und zum Theil auch praktisch durch den Bezug von Weinen unterrichtet war, zog meine ganze Aufmerksamkeit auf sich. Offen gestanden, wissen die Herren Rigenser noch garnicht, wie ein Glas Südküsten wein schmeckt. Schon in Odessa befremdeten mich mitunter die Bemerkunge der dortigen Weinkenner; sie behaupteten, daß Riga ein gutes Absatzgebie für solche Waare Odessa's sei, die durch Salicylsäure haltbar gemacht worde und nach welcher die dortige Polizei streng fahnde. Offenbar beruht die Ansicht nur auf Irrthum, allein was ich in meiner Heimath von dort verkaufte russischen Weinen getrunken habe, muß eine ganz billige Qualität gewesen sei Gute, abgelagerte Bessarabische oder Südküsten-Weine kosten auch an Ort u Stelle im Detailvertriebe 80—100 Kopeken die Flasche.

Der russische Weinhandel im Sinne, wie er auch im Auslande geübt wird, concentrirt sich in Odessa. Von dort fahren die Kaufleute nach Bessarabien und in die Krim und holen sich diejenigen Qualitäten, welche sie zur Zusammenstellung für den Geschmack ihrer Abnehmer brauchen. So lange sie nur Küferei treiben und z. B. den schwachen, säuerlichen Bessarabier mit dem Traubensaft der Südküste mengen, so ist dagegen nichts einzuwenden, allein die höchst dankenswerthe Einmischung der Odessaer Polizei legt Zeugniß davon ab, daß darin auch manches der Controle Bedürftige geleistet wird.

Meines Erachtens kann man die europäischen Weine Rußlands nach ihrem Charakter etwa folgendermaßen eintheilen: in Bessarabische, Krimsche, Südküstenweine mit den etwas leichteren aus Sudak und in Donweine. Dem Geschmack der Rigenser entsprechend möchte ich die Bessarabischen und die Sudakweine als Kneipweine, die Marken aus der nördlichen Krim als Tischweine und die der Südküste als Festgetränk empfehlen. Wer sich einen Begriff von letzteren machen möchte, verschreibe sich nachfolgende Sorten zu je einer Flasche per Post unter der Adresse: Въ Магарачскій подвалъ Никитскаго сада близъ Ялты:

1/2 Flasche 1878 Muscat à 165 Kop.
1   „   1874 Красное крѣпкое à 215 Kop.
1   „   1884 Бѣлое Никитское à 70 Kop.

Das Geld ist nebst Porto beizufügen; etwaige Differenzen können durch Postnachnahme regulirt werden. Diese Kronsanstalt hat den Zweck, das russische Publicum mit den Südküstenweinen bekannt zu machen, und verkauft nur flaschenweise eigene Producte, die mindestens 3 Jahre abgelagert sind. Händler bekommen dort überhaupt nichts; bei Abnahme von mehr als 50 Flaschen muß sich der Käufer legitimiren, daß der Wein unbedingt nicht zum Wiederverkauf bestimmt ist. In dem dort angestellten Herrn Serbulenko lernte ich einen ebenso liebenswürdigen Menschen, wie praktisch gebildeten Küfer kennen, der hier den Ruf einer Autorität in seinem Fach zu genießen scheint. Auch die Keller des Herrn Gubonin in Jursuff stehen unter seiner Oberaufsicht, was man der Qualität der dortigen Weine anmerkt, die zu den besten ihres Genres gehören.

Die bei uns weit verbreitete Ansicht, der Wein werde in der Krim auf primitive Art gekeltert und behandelt, ist durchaus falsch. Alle die neuesten Pressen, Quetschmaschinen und Sortirer sah ich hier in Anwendung und die Gährungs- und Lagerräume waren mit Ventilationen versehen. Die größeren Weinberge haben desgleichen genügend eichene Gefäße zur Verfügung, die Preise für dieselben fand ich sogar billiger, die Flaschen dagegen theurer als in Riga. An der Spitze der Weinkeller stehen tüchtige Küfer, zum Theil Franzosen, die ihrer Aufgabe vollkommen gewachsen sind.

Von den importirten ausländischen Rebensorten haben sich nur wenige bewährt. Für die besten gelten der weiße Muscateller, der weiße Semilion und der rothe Petit Verdot; außerdem werden noch viele gepflanzt, z. B. die Riesling-, die Tokayer- und die Burgunder-Traube. Im Allgemeinen scheinen die französischen Reben sich mehr den hiesigen Verhältnissen anzupassen, als die der übrigen Weinländer Europas. Bei den in der Krim eingeführten Sorten wird die Schale der Traube dicker und das Fleisch fester, was wohl dem warmen Klima und dem Wassermangel zuzuschreiben sein dürfte.

Die Gelände, auf denen Wein gebaut wird, bestehen entweder aus Mergel, wie im Departement Medoc, und auf diesen wird vorzugsweise Rothwein producirt, oder auf Schiefergestein, wie die Weinberge am Rhein, der sich besonders für weiße Sorten eignet. Gedüngt werden die Anpflanzungen nicht, trotzdem zeigen sie eine Üppigkeit, wie ich sie im Auslande selten zu beobachten Gelegenheit fand. Ungerecht wäre es, zu behaupten, sie würden in irgend welcher Art vernachlässigt; im Gegentheil, es herrscht in den Weinbergen große Sauberkeit und all die Frühlingsarbeiten waren rechtzeitig und correct ausgeführt. Der dort angewandte Schnitt ist der Bockschnitt, wie er ähnlich am Rhein geübt wird.

Nachfolgende Rentabilitätsberechnung eines Weinberges in guter Lage, welche ich einigen Fachleuten verdanke, dürfte auch die pecuniäre Seite solcher Anlagen etwas beleuchten.

1 Dessätine rohes Weinland . . . . 2000 Rbl.
Rodung, Bearbeitung, Anpflanzung und Mauern . . . 2000 .

Mithin Anlagecapital für eine Dessätine . . . . . . 4000 Rbl.
Jährliche mittlere Ernte von 1 Dessätine:
150 Wedro Traubensaft frisch von der Kelter à 5 Rbl. . 750 Rbl.
davon ab: für Arbeit und Pflege . . . . 150 .

bleibt als Verzinsung des Capitals von 4000 Rbl. . . . 600 Rbl.

Die kleineren Weinbauer verkaufen gewöhnlich den frisch gekelterten Most den größeren Weinberg-Besitzern, welche ihn dann in Kellerbehandlung bringen oder nach Vollendung der stürmischen Gährung Odessaer Häusern überlassen. Alter Wein ist hier selten zu haben; der Tischwein wird aber meist aus den Kellern des Fürsten Woronzow nach 2—3jähriger Lagerung verkauft.

Wer sich in der Heimath krank fühlt und ein südliches Klima braucht, reise getrost nach Jalta; dem Gesunden aber wird es hier noch mehr gefallen, denn die Natur ist an Reizen geradezu verschwenderisch und Austern, Kaviar und Wein sind billig und köstlich.

Schwer wird es uns von Jalta zu scheiden, allein der Kaukasus soll ja noch Schöneres bieten. Ein letzter Blick auf die freundliche Stadt, auf die sich soeben zur Blüthe erschließenden Magnolien, ein Blick noch auf die herrlichen Berge, in deren Schluchten der weiße Schnee sichtbar ist: da pfeift der Dampfer zum dritten Mal und langsam setzt sich das Schiff in Bewegung.

Noch schien der Vollmond und beleuchtete die Ufer, allein da wir bereits in südlichen Breiten fuhren, so wurde sein Licht durch die hereinbrechende Dunkelheit bald schwächer und trotz der Nähe der Küste ließen sich die Umrisse der Gebirge nicht mehr wahrnehmen.

Beim Tagesgrauen gingen wir auf Deck; doch welch' ein Anblick bot sich unsern Blicken dar! Die bewaldeten Höhen waren verschwunden, nackte Hügel zogen sich längs dem Ufer hin. Bald hatten wir den Hafen von Feodosia erreicht — dort lag also das uralte Kaffa, die bedeutendste genuesische Colonie, in ihrer Blüthezeit mehr als 150,000 Einwohner zählend, mit Speichern und Palästen, mit Wasserleitungen und blühenden Gärten. Es vermittelte im Bosporus den Handel mit westlichen Culturproducten und brachte die Schätze des Ostens dem Abendlande. Wie wichtig dieser Ort schon in vorgennesischer Zeit war, beweist uns der griechische Name Theodosia (Gottesgabe); auch Strabo berichtet uns, daß von hier aus sonder Schwierigkeit ½ Million Tschetwert Weizen nach Athen geschifft werden konnte.

Ohne Schwertstreich fiel das durch Wohlleben erschlaffte Kaffa den andrängenden Schaaren Mohameds II. zu und furchtbar waren die Greuel, die dort verübt wurden. Selbst unter den tyrannischen Chanen hielt sich Feodosia noch eine Zeit lang, ja es trug sogar den Namen „Klein-Konstantinopel"; allmälig ging es aber seinem Verfalle entgegen und heute zählt es nur noch 8000 Einwohner. Alle Bemühungen der russischen Regierung, den Handel dieser Stadt zu heben, blieben erfolglos, denn heute hat derselbe andere Bahnen genommen. Als klimatischer und Cur- und Badeort dagegen ist Feodosia nicht ohne Bedeutung; das Leben ist billiger als in Jalta und das Seebad in sofern angenehmer, als der Meeresboden aus Sand besteht und der Wellenschlag durch den Hafen gebrochen wird. Auch vor kalten Landwinden ist die Stadt durch die sie umgebenden Höhen geschützt, so daß manche Aerzte des Südens dem Klima hier den Vorzug vor Jalta geben, namentlich weil es weniger Nebeltage zu verzeichnen hat als letzterer Ort. Sehr erklärlich erscheint Einem dieses, wenn man die verschiedenartige Vegetation hier und dort darauf hin in Vergleich zieht; allein Jalta bietet dafür auch solche Naturschönheiten, daß man schon an dem Anblick dieser gesunden kann.

Briefe aus der Heimath, die ich anderweitig hindirigirt hatte, veranlaßten mich, in Feodosia nur kurzen Aufenthalt zu nehmen; eine sechsstündige Fahrt längs der Küste, die schon durchaus den Steppencharakter annimmt, und wir sahen Kertsch vor uns. Die Einfahrt in den Hafen ist so schmal, daß etwa nur drei Schiffe neben einander passiren können.

Im Hafen lagen nur wenige Schiffe; der Handel war gleich Null; im Herbst soll er sich aber mächtig regen und die hiesigen Exporteure waren mit der letzten Campagne sehr zufrieden. Das Zufuhrgebiet an Getreide nach den Häfen des Asowschen Meeres erweitert sich von Jahr zu Jahr, während früher die Bodenproduction ihren Abfluß nach Petersburg nahm.

Die Steppen der Krim geben glänzende Aussichten für die Kornernte und der Graswuchs soll nach Aussage der Landleute das Sechsfache von dem anderer Jahre ergeben. Die hiesigen deutschen Colonisten, von denen viele s. Z. bei der Auswanderung der Tataren den Boden sehr billig erstanden, sind tüchtige Landwirthe. Ihr Getreide ergiebt, weil es besser sortirt wird, höhere Preise und ihr Vieh ist prachtvoll im Stande. Bei einer Fahrt in die Steppe gewahrte ich gestern eine Heerde Kühe — scheinbar eine Kreuzung von Schweizer Vieh mit dem der taurischen Race, — die den Neid unserer livländischen Landwirthe erregt hätte. Das Leben in Kertsch ist sehr billig. Der Markt bietet einen ungewohnten, unsauberen Anblick dar; fast alle Nahrungsmittel werden auf der Erde ausgelegt und da die Stadt an Staubwolken sehr reich zu sein scheint, so macht dies die Waare nicht gerade appetitlich. Interessant ist indeß der besser gehaltene Fischmarkt mit der reichen Beute des Asowschen und des Schwarzen Meeres; wegen der großen Hitze war der Caviar nicht versendungsfähig und daher gerade sehr wohlfeil zu haben.

Die Stadt an sich ist recht staubig, schlecht gepflastert und in mancher Gegend herrscht ein beispielloser Schmutz; so wirft man in den ärmeren Stadttheilen ben Kehricht einfach auf ben Fahrweg. Trotzdem sollen in Kertsch wenig Epidemien vorkommen und mag wohl der fortwährende Wind die Ursache davon sein. Diese scharfe Luftströmung und der Wassermangel beeinträchtigen die Vegetation ungemein und die Gemüsegärtner, zumeist Griechen, haben hier mit großen Schwierigkeiten zu kämpfen. Obst- und Weinbau liegen somit ganz barnieder und erst neuerdings sind in der Steppe, die an die Stadt grenzt, Versuche mit Obstanpflanzungen gemacht worden, die scheinbar zu günstigen Resultaten berechtigen.

Der in Kertsch herrschende Wassermangel wird auf die Böswilligkeit der s. 3. ausgewanderten Tataren zurückgeführt, welche die Brunnen und Quellen verschüttet haben sollen, die jetzt nicht wieder aufzufinden sind. Meines Erachtens aber wird wohl die jahrhundertelange Waldverwüstung die Schuld baran tragen. Uralt historisch ist dieser ganze Boden. Schon im 6. Jahrhundert v. Chr. wurde hier Pantikapäon gegründet, und Anfangs ein Freistaat, gehört es zu den volkreichsten, schönsten griechischen Städten. Unter dem Namen Bosporus wurde dieser Ort Residenz des bosporanischen Reiches und erreichte seinen Glanzpunkt unter einem der merkwürdigsten Männer des Alterthums, unter Mithridates II. Noch erhebt sich der Hügel, auf welchem seine Akropolis gestanden. Herrlich ist der Blick von oben aus gewesen: zu Füßen der Kimmerische Bosporus und der Pontuseurinus, über Ersterem die Berge des Kaukasus, nach Norden die endlose Steppe und unten die blühende, volkreiche Stadt. Wohl mag da oben der ehrgeizige Herrscher von einem Weltreich geträumt haben, bis er, durch Rom bezwungen, sich selbst hier den Tod gab. Von der Akropolis ist nichts mehr zu sehen, allein es führt eine colossale vieretagige Treppe bis dicht an den Hügelrand, wo der Palast gestanden. Die dort gefundenen Alterthümer sind theils in die Eremitage nach Petersburg gewandert, theils im Krimkriege von den Engländern geraubt worden.

Hart unter dem Gipfel befindet sich ein Berg von Thonscherben, wohl von Amphoren und Küchengeräthen, von Knochen, Muscheln, Kohlen, Asche — offenbar ein Kjökken-Möbbing, welcher sich über zwei Jahrtausende angesammelt hat. Es ist dort schon viel gesucht worden, allein, wie es scheint, haben die Köche von Mithridates keine silbernen, resp. golbenen Gefäße oder Löffel bazwischen geworfen.

Einige kleine Mauerreste jener Zeit sind noch zu sehen, ebenso mehrere große Steinblöcke aus Nummulithenkalk, welche so aufgestellt erscheinen, als ob sie zum Herabwälzen auf einen anrückenden Feind bestimmt waren.

Die seit den dreißiger Jahren begonnenen Ausgrabungen des archäologischen Comités haben bei Kertsch ganz colossale Massen von Alterthümern zu Tage gefördert. Die werthvollsten Sachen findet man zwar, wie schon erwähnt, in Petersburg; allein auch das kleine Museum in Kertsch hat höchst interessante Antiquitäten griechischen Ursprungs bis in's 7. Jahrhundert vor Christo aufzuweisen. Herr Groß, Director des Museums, war so liebenswürdig, uns persönlich all' die Raritäten vorzuweisen und auch die Zeichnungen der selteneren, in Petersburg befindlichen Funde. Aus letzteren, die sehr fein ausgeführt waren, konnte man recht ersehen, mit welcher Hingabe und welchem Talent sich Herr Groß seiner Aufgabe unterzieht. In dem trockenen Boden der Steppe, sowie in den Kurganen haben sich viele Sachen wundervoll erhalten. Ein kürzlich gefundener Spiegel aus Bronze zeigte sich auf der converen Seite noch so blank, daß wir darin deutlich unser Bild sehen konnten. Stirnbänder, mehrere Töpfchen mit noch erhaltener Schminke, Kämme, fast ganz unversehrte Schwämme, eine Menge Gefäße, von den Amphoren bis zu den Thränenkrügen und den kleinen Lampen, die meisten noch roher Thon, aber auch bemalte Vasen, dunkle mit hellen Figuren und rothe mit schwarzem Bilde, Trinkschalen und Urnen mit Darstellungen nach dem Leben jener Zeit — eine wahre Fundgrube für den Raritätensammler. Auch eine antike marmorne Nachbildung der Aphrodite von Phidias wurde dem Schoße der Erde entnommen — kurz die ganze Umgebung von Kertsch wimmelt von Alterthümern und die Landbewohner bringen allerlei ausgegrabene Sachen zur Stadt, um sie gegen andere Waare auszutauschen. Halsketten aus Perlen und Steinen, namentlich viel aus durchbohrtem Achat, Kupfer- und Silbermünzen in großer Zahl und mannigfache andere alterthümliche Gegenstände werden von einzelnen Kaufleuten in Kertsch feil gehalten. Höchst interessant sind die von Achat geschnittenen Stücke, antiken Siegelringen entstammend; man findet an denselben eine Feinheit der Ausführung, die geradezu wunderbar ist.

Einen der geöffneten Kurgane besuchten wir, den sogenannten Царскій Курганъ. Als er s. Z. aufgedeckt wurde, erwies er sich bereits als geplündert; seine Größe aber und die geräumige Bauart sind an sich schon bemerkenswerth. All' diese Gräber rühren noch von einer Zeit her, da man es nicht verstand, ein Gewölbe zu schlagen; treppenartig mauerte man einen Stein über den andern, bis der Raum geschlossen war. Nach den Zeichnungen des Herrn Groß ersah ich, daß der Sarg in den Kurganen einem Tempel glich, der zwei Theile besaß. Der eine nahm die mit Stirnbändern, Halsketten und Ringen geschmückte Leiche auf und die für eine Reise nothwendigsten Gefäße und Geräthschaften; im Vorderraum standen andere Utensilien, wie Vasen, Thränen-Urnen u. s. w. Häufig soll man aber dabei auch anstatt der Gebeine Aschen-Urnen finden.

Von 2½ Jahrtausenden geben diese Alterthümer Kunde. In geordneter Reihenfolge sieht man die Entwickelung der Industrie vor sich, von den rohesten Thonarbeiten bis zur Herstellung der Glaswaaren; gerade die älteste Zeit und die etruskische Kunst scheinen reichlich vertreten zu sein.

Herr Groß, der während der günstigen Jahreszeit täglich Nachgrabungen anstellt, hat kürzlich wieder ganz in der Nähe von Kertsch einen Kirchhof entdeckt, der viel interessantes Material liefert. Es war gerade die Ruhestätte der ärmeren Bevölkerung und gehörte allem Anscheine nach zu den ersten griechischen Ansiedelungen. Er lud auch uns zur Aufdeckung einiger Gräber der verschwundenen Stadt Myrmikyon ein, von deren Ueberbleibseln nur noch ein Theil der Ufereinfassung sichtbar ist. Gern kamen wir der freundlichen Aufforderung nach und fanden uns zur bestimmten Stunde am bezeichneten Orte ein.

Das Terrain war hügelig, mit einer Abdachung zum Meere hin; etwa eine Arschin Erde und darunter Kalkfelsen. Die Gräber waren in letzteren eingehauen und mit Fliesen bedeckt. Im Ganzen durchsuchte man deren fünf, drei erwiesen sich als bereits beraubt. In einem befanden sich eine Patera, zwei Salzfässer, eine Urne, ein Todtenfläschchen und ein Bronzespiegel. Aus letzterem schloß Herr Groß, daß die Bestattungsgegenstände einer weiblichen

Perfon angehört haben. Die Gefäße waren aus der ältesten Zeit etruskischer Kunst, einzelne fogar recht schlecht gebrannt; Knochenrefte keine vorhanden.

Ein zweites Grab — wohl das eines Kindes — enthielt eine schwarze Todtenflasche mit einem Frauenkopf, 6 Perlen aus glasirtem Thon und eine durchbohrte Kauri-Muschel. Letztere flößte mir besonderes Interesse ein, weil dieselben nur in den indischen Meeren vorkommen und in Ostindien, Siam und im Inneren von Afrika als Schmuck und als Münze galten. Diese hier am Kimerischen Bosporus aufgefundene Muschel beweist, daß schon die ältesten griechischen Colonien Verbindungen mit Indien hatten, resp. daß durch den Handel indische Waaren zu ihnen gelangten. Rings auf dem Begräbnißplatz liegen viele bereits offene Kurgane, welche große Ausbeute an Urnen und Vasen gegeben haben. In der späteren Zeit bestatteten die Genuesen ebenfalls hier ihre Todten und zwar gewöhnlich oben im Hügel. Unter Anderem wurde ich auch von Herrn Groß darauf aufmerksam gemacht, daß die besseren Gegenstände aus jenen Zeitepochen die Namen ihrer Anfertiger tragen, während dies bei den geringwerthigen fortfällt. Also ganz wie heutzutage.

Nach einigen höchst interessant verbrachten Stunden verabschiedeten wir uns von unserem liebenswürdigen Führer und begaben uns, den Weg durch die Steppe nehmend, zu einem 7 Werst weit gelegenen Schlammvulkan. Berühmt ist derselbe dadurch, daß die Griechen sich hier den Eingang zum Hades dachten und daß wahrscheinlich Odysseus an dieser Stelle die Schatten aus der Unterwelt heraufbeschworen hat. Karl Ernst von Baer giebt gerade darüber ein sehr interessantes Material in seinen „Historischen Fragen".

Inmitten der Steppe, neben einem etwas höheren Hügel, sah man schon aus einiger Entfernung den Vulkan, einen Kegel von etwa 40—60' Höhe, hell, fast weiß, von dessen einer Seite ein Strom dunklen Schlammes herabgequollen war — der Styx der Alten. Aeltere derartige Ströme waren tief in's Thal geflossen. Vorsichtig erstiegen wir den Hügel bis in der Nähe des etwa 14' im Durchmesser haltenden Kraters, der mit einer breiigen Thonmasse gefüllt war und in derselben große Blasen aufsteigen ließ, sobald wir Steine hineinwarfen. Zum Krater hin wird der Boden elastisch, so daß man leicht darin versinken kann; unser Iswoschtschik erzählte uns auch, ein Pferd sei einst in diesen Schlammvulkan gerathen und erst etwa 5 Werst weit im Asow'schen Meere wieder hervorgekommen. Die Kleinrussen nennen diesen Ort Pella, was so viel wie Hölle, also Unterwelt, bedeutet. Naturwissenschaftlich erklärt sich die Bildung jener Vulkane dadurch, daß thonhaltige Gesteine wie Schiefer sich auflösen unter dem Druck von Wasserdampf und durch Gase nach oben getrieben werden. Das nicht aufgelöste Gestein tritt in kleinen scharfkantigen Stücken mit dem Schlamm an die Oberfläche, ist aber im dicken Brei nicht gleich zu bemerken. Einige derartige Flyschtrümmer nahm ich mir mit, an den spitzen Bruchstellen derselben sieht man, welch' große Gewalt sie zerbrochen haben muß. Der Brei des Kraters soll stets naphthahaltig sein; eine französische Compagnie macht hier um Kertsch auch Bohrversuche, bisher aber leider ohne Erfolg, denn trotzdem das Vorhandensein von Petroleum constatirt wurde, gelang es ihr nicht, ergiebige Quellen zu entdecken.

Die Rückfahrt durch die Steppe, deren Kräuter soeben anfingen der Trockenheit zu erliegen, bot in botanischer Hinsicht manches Beobachtungswerthe. Von Gräsern standen noch in voller Vegetation das auch bei uns im Norden sehr geschätzte Knaulgras (Dactylis glomerata) und das Federgras (Stipa penata), während Hordeum bulbosum und die Avena-Arten bereits gelb waren; dazwischen Reseda, Adonisröschen, die wohlriechende Kriecherbse, Salbei und Garden, aber auch häßliche Kinder der Flora mit stachligen und filzigen Blättern. Höchst befriedigt von unserer Excursion, kehrten wir nach Kertsch in's Hotel zurück; allein die heiße Atmosphäre bewegt uns, den nächsten Dampfer zu unserer Weiterreise zu besteigen; drüben winkt uns schon der Kaukasus und die reine, frische Seeluft wird ein Labsal sein für unsere verstaubten Lungen.

Der Kaukasus.

(Das Land der Abighe.)

Schon einige Stunden nachdem wir Kertsch mit dem Dampfer verlassen hatten, merkten wir an der milden Luft, daß wir uns südlichen Breiten näherten. Die See war spiegelglatt, der Dampfer der Russischen Gesellschaft für Schifffahrt und Handel höchst comfortabel eingerichtet. Im Zwischendeck etablirte sich ein Passagier als Harmonikavirtuos und unter den Klängen deutscher Lieder und Walzer dampften wir der kaukasischen Küste des Schwarzen Meeres zu.

Wir erreichten zuerst Anapa, das alte Sinde, welches insofern von besonderem Interesse ist, als hierher nach dem Frieden von Adrianopel, in welchem bekanntlich die Oberhoheitsrechte der Pforte auf die Ostküste des Schwarzen Meeres an Rußland übergingen, die kaukasischen Fürsten geladen waren, um officiell von diesem Wechsel benachrichtigt zu werden. Nachdem der russische Bevollmächtigte der Versammlung die betreffende Eröffnung gemacht, wiesen die Fürsten lachend auf einen Baum und sprachen: „Siehst Du da den Vogel, Russe! Fange ihn, wir schenken ihn Dir.‘

Früh Morgens langten wir in Noworossisk an, einem freundlichen Städtchen am äußersten Ende der Zemes-Bucht. Hart am Ufer liegt die renommirte, äußerst leistungsfähige Cementfabrik unseres Landsmannes Dr. Lieven, dem auch in Port Kunda in Estland ein derartiges Etablissement gehört. Die Firma hat hier im Süden einen vorzüglichen Ruf und legt Zeugniß davon ab, daß baltische Industrie selbst an den pontischen Gestaden würdig vertreten ist.

Noworossisk ist jetzt durch einen Schienenstrang mit der Rostow-Wladikawkaser Bahn verbunden und auch eine Mole wird für die Zemes-Bucht geplant. Ob dieser Hafen bei den dort furchtbar wirkenden Nordoststürmen einen sicheren Schutz bieten wird, ist abzuwarten. Im zweiten Viertel dieses Jahrhunderts war Noworossisk bereits Flottenstation für die die Ostküste passirenden Kriegsschiffe; 1847 wurde jedoch durch einen heftigen Nordost die ganze dort lagernde Flotte von den Ankern gerissen und an's Land geworfen, ja ein Fahrzeug ging dabei sogar mit Mann und Maus zu Grunde. Noworossisk ist Sitz der Behörden für den Schwarzmeerbezirk, welcher an der Küste etwa 500 Werst südlich bis zum Gagri Gebirge, einem Nebenstock des kaukasischen Hauptgebirges, reicht. Dieser Bezirk hat die Form eines Dreiecks, beſſen ſpitzeſten Winkel Noworoſſisk bildet; er iſt im Oſten vom Hauptgebirge, im Weſten vom Schwarzen Meere und im Süden vom Gagriſtok begrenzt. Anfangs nur 20 Werſt breit, dehnt er ſich im Süden 150 Werſt aus.

Dieſes Gebiet, noch faſt vollſtändig unerforſcht und nur an der Küſte ſchwach beſiedelt, hatte ſchon ſeit 15 Jahren mein lebhaftes Intereſſe erregt und da ich in dem Flecken Sotſchi, mit deſſen klimatologiſchen Verhältniſſen ich durch die Veröffentlichungen des Obſervatoriums in Petersburg ziemlich vertraut war, gute Bekannte beſaß und das Klima für meinen Krankheitszuſtand paßte, ſo wählte ich ihn für einen Aufenthalt von mehreren Wochen.

Ganz nahe an der Küſte entlang fahrend, konnten wir deutlich die Schieferformationen jener Landſtrecke erkennen und das allmälige Anſteigen der bewaldeten Gebirgszüge, in deren höher gelegenen Schluchten noch hin und wieder Schnee ſchimmerte. Unburchbringliche Wälder, ſteile Abhänge, Gebirgs- bäche, die ſich in's Meer ergleßen, keine Wege, nur Pfade, welche das Wild eingetreten, alle 3—4 Stunden Fahrt einige an der Küſte liegende Woh- nungen — ſo ſtellte ſich uns das eigentliche Land der Tſcherkeſſen dar, gerade wie es der berühmte Denbrologe Carl Koch, Bodenſtedt, Profeſſor A. Petz- holdt und Abich geſchildert.

Eindringen in dieſe Wildniß konnte früher Niemand; die Natur und die räuberiſchen Tſcherkeſſen boten ſolche Schwierigkeiten, daß einſt ſelbſt die militäriſchen Streitkräfte zufrieden waren, hart an der Küſte und geſtützt durch die Flotte ihre Forts erbauen und halten zu können. Die Literatur enthält daher über das Land der Tſcherkeſſen, die ſich ſelbſt Abighe nannten, wenig Material; was ich darüber geleſen, fand ich zerſtreut hier und da und ent- ſtammte Berichten höherer Offiziere. Unter Anderen machte in den 40er Jahren General von Werber, der Vertheidiger Belforts im letzten deutſch- franzöſiſchen Kriege, die kaukaſiſchen Feldzüge mit, bis er ſchwer verwundet wieder in ſeine Heimath zurückkehrte.

Koch, Bodenſtedt, Petzholdt, Abich und Rabbe ſollen dieſen Küſtenſtrich nur vom Meere aus geſehen haben; ein gelehrter Agronom Wereſchtſchagin allein hat ſeine Reiſenotizen über jene Landſtrecke in einem Werk niedergelegt, das viel Intereſſantes enthält, aber in zu optimiſtiſcher Beleuchtung.

Bemerkenswerth erſchien mir dieſes Gebiet außer obigen Gründen auch noch im Hinblick auf die Auswanderung der Eſten nach jener Gegend.

Wenden wir uns zunächſt dem Geſchichtlichen zu, ſeit dem Auftreten der Ruſſen im Kaukaſus, ſo finden wir die Tſcherkeſſen ſchon durch die geogra- phiſche Lage ihrer Heimath außerordentlich im Vortheil gegen die Angriffe von Feinden. Zu Lande führten nur drei höchſt ſchwierige Päſſe über das Hauptgebirge und an der Küſte befand ſich nicht ein einziger Hafen, von dem aus Operationen gegen die Bergvölker möglich geweſen wären. So lange die drei Päſſe noch im Beſitz der Abighe unter Schamyls Leitung ſtanden, waren dieſe gegen eine Invaſion von der Landſeite ſicher und daher mußte die ruſſiſche Armee, unterſtützt von der Flotte, erſt an der offenen Küſte hart am Meere unter großen Schwierigkeiten Forts bauen, zu welchen ſelbſt die Steine aus der Krim gebracht wurden. Um Trinkwaſſer dem nahe gelegenen Fluß zu entnehmen, mußte oft ein Bataillon Soldaten als Deckung dienen, während die Kanonen des Forts unterdeß die Umgebung unter einem Kartätſchenhagel

hielten und häufig genug noch die an Ort und Stelle ankernden Schiffe Unterstützung gaben. 1840 wurden fast alle diese Küstenfestungen von den Tscherkessen genommen, die Besatzung niedergemetzelt oder als Sklaven in die Auls
gebracht. Einige Episoden aus dieser Zeit dürften die damalige Situation
charakterisiren. Bei Vertheidigung der Festung Tenginsk zeichnete sich ein
Soldat Naum Prochorow durch besondere Bravour aus, allein die tapfere
Gegenwehr nützte nichts, die Tscherkessen erstiegen die Wälle und begannen ein
furchtbares Gemetzel; da warf Naum Prochorow, selbst verwundet, eine Lunte
in den Pulverkeller und sprengte den Feind in die Luft. Noch heute wird
der Name des Tapferen, wie einst der des Latour d'Auvergne in der französischen Armee, im Tenginskischen Regiment zum Apell aufgerufen und die
Antwort lautet: „Gefallen zum Ruhme der russischen Waffen". An dem
Flüßchen Sotschi liegen die Ruinen der Festung Nowoginsk; sie erhielt einst
ihren Namen nach dem ersten Regiment, das hier ausgeschifft wurde. Es war
Abend, als dasselbe landete; noch zwei Regimenter sollten den Tag darauf
folgen. Ein Sturm erhob sich aber, der die Schiffe in's Meer trieb, und als
dieselben nach Ablauf einiger Tage zurückkehrten, fanden sie das ganze Regiment von den Tscherkessen niedergemetzelt. Zu Ehren dieser Gefallenen nannte
man die später erbaute Festung Nowoginsk.

Unter solchen Verhältnissen wurde hier an der Küste gekämpft; Schritt
für Schritt mußten sich die Russen das Land erobern und erst als sie durch
eine Reihe von Forts Stützpunkte errichtet hatten, da wurde das ganze Ufer
auf Büchsenschußweite von den Wäldern gereinigt, so daß schließlich längs dem
Meere eine nothdürftige Communication zu Lande zwischen den Forts hergestellt werden konnte. Während des Krimkrieges wurden alle diese Forts von
den Russen wieder eiligst verlassen und zum Theil gesprengt, um nach Beendigung desselben auf's Neue in Besitz genommen zu werden. Aber auch
dann erlangten die Russen nur geringe Vortheile, bis nach dem Falle Schamyls die Pässe über das Hauptgebirge frei wurden und im Winter 1864 die
sich durchaus sicher wähnenden Tscherkessen einer Heeresmacht erlagen, welche
bei Tuapse bis an's Meer vordrang, während von Süden her Succurs der
Nordarmee entgegendrängte. Da die beiden übrigen Pässe über das Hauptgebirge im Winter unübersteigbar waren, so ergaben sich die Tscherkessen nach
kurzem Kampf. Durch Verrath fielen die versteckten und entfernt gelegenen
Auls in die Hände der Sieger und am 21. Mai desselben Jahres wurde
auf dem Romanow'schen Hochplateau bei Sotschi officiell der ganze Kaukasus
als unterworfen erklärt. Hiermit war der Krieg beendet, den Bewohnern des
Landes aber wurde die Alternative gestellt, entweder in die Steppen am Kuban
überzusiedeln oder ganz auszuwandern.

Meist zogen die freien, stolzen Räuber das Letztere vor; auch unter-
stützte die russische Regierung sie darin und beförderte die vielen Familien
selbst in ihren Kriegsschiffen nach Anatolien und in die Türkei. Ungefähr
500,000 Köpfe der Abighe sollen nach officiellen Daten allein aus dem oben
geschilderten Dreieck des Schwarzmeer-Bezirks ausgewandert sein. Außerdem
erlagen derer in der Heimath viele an Seuchen, weil große Massen durch das
Militär an die Küste gedrängt wurden, und in der Nähe Trapezunts traf die
Auswanderer das gleiche traurige Loos, denn es erwies sich, daß die türkischen
Behörden unvorbereitet waren, einen so großen Zuzug bei sich aufzunehmen.

Die letzten Reste der Abighe wurden dann nach Bulgarien übergeführt und gaben indirect zu dem letzten russisch-türkischen Kriege mit Veranlassung.

Ganz nahe der Küste dampften wir bei Tuapse, dann bei Lasarewsk, in dessen Nähe die letzte entscheidende Schlacht mit den Tscherkessen gefochten worden, vorüber dem Flecken Sotschi zu, wo wir Abends anlangten. Wir wurden dort von Bekannten mit einer prächtigen Illumination und bengalischen Flammen empfangen und erregten dadurch nicht wenig Aufsehen bei unseren Mitpassagieren. Da nur eine offene Rhede vorhanden war, wurden wir durch Boote an's Land gesetzt.

Der kleine Ort Sotschi liegt an dem gleichnamigen Flüßchen, das 35 Werst weiter aus einem Gletscher des Hauptgebirges, etwa 9000 Fuß hoch, entspringt. Bei dem colossalen Fall sind seine Wassermassen im Frühling geradezu in tosender Bewegung, allein an seiner Mündung begegnet er noch einer stärkeren Gewalt; die Brandung des Meeres wirft ihm dort Steinmassen entgegen, die zu durchbrechen ihm nicht immer gelingt. So liegen der Fluß und das Meer in stetem Kampfe mit einander.

In der Tscherkessenzeit bis 1864 hieß dies Flußgebiet Sadosch (woraus Sotschi corrumpirt wurde) und ernährte ca. 80,000 Einwohner; heute sind kaum 700 Seelen vorhanden und trotzdem gilt dieses Thal noch als das besiedeltste des ganzen Bezirks.

Die Auswanderung der Abighe hat schlechte Früchte zur Folge gehabt; alle Colonisationsversuche der Regierung mißlangen vollständig, obschon große Summen zu diesem Zweck verausgabt wurden. Ansiedler erhalten beispielsweise Land nach freier Wahl umsonst und zwar 30 Dessätinen per Familie, auf eventuelle Vorstellung des Gouverneurs sogar eine Subsidie von 80 Rbl.; früher kam dazu noch Provision für drei Jahre, Geld zur Erbauung eines Hauses und Abgabenfreiheit für 16 Jahre. Auch jetzt existirt letztere hier de facto noch immer, obschon seit 1884 nominell eine Steuer von $2^1/_2$ Rbl. für die männliche Revisionsseele vorgeschrieben ist.

Das ganze Terrain hier ist Gartenland mit einer so überaus üppigen Vegetation, wie wir Nordländer sie uns gar nicht träumen können. Auf Culturboden siedelt sich, wenn derselbe vernachlässigt wird, in wenigen Jahren eine solche Unzahl von Bäumen, Sträuchern und Lianen an, daß er nur nach mühevoller Arbeit mit Axt, Hacke und Feuer wieder zurückgewonnen werden kann. Seit Auswanderung der Tscherkessen im Jahre 1864 ist aber die Natur hier sich selbst überlassen gewesen und da kann man sich einen Begriff davon machen, in welch verwildertem Zustande sich selbst die früheren Culturstätten der Abighe nun befinden. Mitten im Walde auf den mit der grusinischen Axt gelichteten Reitwegen begegnet man derartigen früher besiedelten Landstrecken, die sich durch große edle Obstbäume, — jetzt im letzten Stadium des Kampfes mit der sie umgebenden Waldnatur — kennzeichnen. In der Nähe trifft man gewöhnlich mächtige Haine von Weißbuchen (Carpinus Betulus), welchen man es ansehen kann, daß sie wiederholt gelappt worden. Die Tscherkessen benutzten früher die Blätter und die Rinde dieser Bäume als Viehfutter, köpften sie jährlich nach Beendigung des Triebes und bewahrten die Blätter zu obigem Zweck für den Winter auf. Rechts und links von solchen Wegen ohne Axt in's Dickicht einzudringen, ist absolut unmöglich — überall gedrängte Waldvegetation mit verwachsenen, stachligen Schlingpflanzen. In Folge dieser

8

großen Ueppigkeit kann der Boden, an und für sich aus undurchlassendem Lehm, resp. Mergel bestehend, gar nicht austrocknen. Das herabfallende Laub und die häufigen Niederschläge bringen aber in dem warmen Klima Miasmen hervor, die sich in den Niederungen als Malaria äußern.

Roggen und Hafer gedeihen unter solchen Bodenverhältnissen schlecht, dagegen Mais und Hirse vorzüglich und Weizen und Gerste gut. Der Wein liefert zwar enorme Erträge, aber der Traubensaft ist etwas wässeriger Natur. Kartoffeln degeneriren bald.

Dort, wo die Baumvegetation unterdrückt wird, entstehen herrliche Wiesen und daher scheint das Land zur Viehzucht besonders geeignet. Rindvieh und Schweine bleiben den Sommer über in den Thälern, während Schafe und Ziegen in das Gebirge getrieben werden. Als Zugthiere dienen Ochsen Ukrainer Race und der gemeine Büffel, als Reitthiere Pferde und Maulthiere.

Straßen giebt es dort nicht, außer der eben im Bau befindlichen Chaussée, welche über das Hauptgebirge und längs der Küste nach Süden führt. Die Fahrwege zu den Colonien sind in trostlosem Zustande, denn die Ansiedler thun absolut nichts dafür, sondern erwarten diese Unterstützung von der Regierung. Für noch immer fahrbar gelten dieselben, wenn Ochsen und Büffel bis über die Knie im zähen Lehm schreiten; in der nassen Jahreszeit sind die Strecken jedoch nur zu Pferde auf Nebenwegen zu passiren und es erregt Bewunderung, wie diese die Abhänge und Schluchten, Ziegen gleich, überwinden. Die sogenannten Fahrwege findet man indeß nur der Küste entlang in den Thälern auf einige Werst weit in's Innere; die ganze übrige Communication spielt sich auf Reitpfaden ab, die dem Flachländler absolut unpassirbar erscheinen. Auf eine Distanz von ca. einer Werst in der Luftlinie muß man häufig drei bis vier Schluchten durchschreiten, auf schlüpfrigen Wegen, welche nur so breit sind, daß ein Pferd Platz hat. Natürlich ist den Ansiedlern unter solchen Verhältnissen der Absatz ihrer Naturproducte sehr erschwert und können sich dieselben zunächst nur längs der Küste niederlassen, wo sie am Ufer an brandungsfreien Tagen und in einer Zeit, da die Gebirgsbäche wenig Wasser führen, auf Packpferden den nächsten Flecken zu erreichen im Stande sind.

Einzelne Obstsorten gedeihen hier ganz vorzüglich, namentlich Wallnüsse, Haselnüsse, Zwetschen und Pflaumen, dann Feigen und Süßkirschen; Sauerkirschen kommen nicht gut fort und auch nicht die übrigen Obstgattungen, für die der Boden noch zu feucht zu sein scheint. Lohnend ist die Bienenzucht; einzelne Colonisten besitzen 100—200 Stöcke. Auch das Gemüse entwickelt sich gut und erreicht bei geringer Pflege eine größere Vollkommenheit als bei uns im Norden.

Scheinbar müßte ein mit so viel Segen überschüttetes Land, welches die Regierung Ansiedlern umsonst überläßt, bald reich bevölkert werden; allein von Seiten der dort Ansässigen sind so viel Mißgriffe gemacht worden, daß diese Districte von Jahr zu Jahr mehr verwildern.

Hätte die Verwaltung das Geld, welches zur Unterstützung der sich Ansiedelnden diente, zur Anlage von Wegen benutzt, und dann das Land zu beiden Seiten derselben nur an Ackerbauer vergeben, so wären fraglos bessere Resultate erzielt worden als bisher, da es einem Jeden frei stand, sich seinen Grund zu wählen. So siedelte sich hier z. B. ein ganzes Dorf Fabrikarbeiter aus dem Norden an, Leute, die von der Landwirthschaft keinen Begriff hatten. Selbst der Ackerbauer muß aber hier ganz anders vorgehen als in seiner Heimath. Während er z. B. im Norden durch Meliorationen die Fruchtbarkeit seines Grundes zu heben bemüht ist, hat er hier gegen das Umsichgreifen der Waldvegetation zu kämpfen. Läßt sich Jemand nun in dieser Gegend nieder, so thut er weise, vor Allem erst nachzuforschen, welche Culturen vor Jahren von den früheren Bewohnern, den Tscherkessen, getrieben worden; diese stützten sich auf Erfahrungen. Ihre Aule lagen nie unten im Thale, sondern auf Hügeln und waren gut entwässert. Mais, Hirse und Tabak waren ihre Culturproducte; eifrig trieben sie Obst- und Weinbau, Vieh- und Bienenzucht. Anstatt dessen siedelten sich die Colonisten, unter Anderen auch unsere Esten, gewöhnlich an den Flüssen im Thal an, wo das Fieber sie erfaßte; sie brachten schwedische Pflüge mit, da sie Axt und Hacke brauchten, und säeten flott nach nordischer Art in den eben gerodeten Boden Getreide, das hier nicht gedeihen konnte und durch Unkraut erstickt wurde. Daher gingen alle diejenigen, welche ihre letzte Habe zur Ansiedelung verbraucht hatten, entweder an Krankheiten später zu Grunde oder retteten sich in's Kubangebiet, und nur die sind nachgeblieben, welche so viel Capital besaßen, um die selbstverschuldeten Mißgriffe zu verbessern. Da sie aber von ihren Colonien an den Flüssen auch jetzt nicht lassen wollen, so leiden die Ansiedler noch fortwährend an Fieber. Was die Esten aus der Heimath vertrieb, weiß ich nicht, allein der Zug geht trotz der bisherigen Mißerfolge scheinbar immer noch hierher und daher möchte ich in Nachfolgendem für derartige Heimathsmüde einige Rathschläge zusammenstellen, die sie vor Enttäuschungen und vor Elend schützen sollen.

Auswanderer, welche mit ihren Familien hierher kommen wollen, müssen außer dem Reise- und Kostgeld — etwa 40—50 Rubel pro Person — noch unbedingt über ein Anlagecapital von 500 Rubel verfügen. Acker- und Hausgeräth, sowie Vieh sollen sie nicht mitnehmen, denn der Transport kostet wesentlich mehr als die Neuanschaffung am Platz, oder in Kertsch und Batum. Pflüge können hier fast gar nicht verwerthet werden. Wer nun aber über keine Mittel disponirt, der findet auch als Arbeiter hier sein Brod; ein Monatsverdienst von 20 Rubel — ohne Kost — ist für fleißige Tagelöhner nicht schwer zu erzielen. Lebensmittel sind billiger, und nur Kleider und Stiefel theurer als bei uns in den Ostseeprovinzen. Tüchtige und sparsame Arbeiter können sich daher in einigen Jahren das nöthige Capital zur Ansiedelung bei Seite legen und ihre Familie nachkommen lassen. Sie selbst haben jedenfalls unterdeß so viel gelernt, daß sie entweder die im Kaukasus lohnenden Culturen aufnehmen oder ohne wesentliche Verluste in die Heimath zurückkehren können.

Hierher zu ziehen möchte ich aber allen Schwindsüchtigen rathen, die nicht im Stande sind, sich aus eigenen Mitteln eine längere Zeit in Südwest-Europa aufzuhalten. Hier finden gerade die ärmeren Leute, wie Dienstboten, Schneiderinnen, Schuhmacher, Schneider, namentlich aber Gärtner leicht Beschäftigung und in den meisten Fällen, falls die Auszehrung bei ihnen nicht schon zu sehr vorgeschritten, sichere Heilung. Die herrliche Seeluft, welche den Tag über vom Meere weht, und die von dem Hochgebirge zuströmende erquickende Atmosphäre in der Nacht wirken so wohlthuend auf die Lungen ein, daß man in den ersten Wochen seines Hierseins geradezu darin schwelgt. Außer dem Nordwest giebt es hier überhaupt keine rauhen Winde und die nachstehenden meteorologischen Notizen der 10jährigen Durchschnittstemperatur, denen ich das Normaljahr von 1881 in Riga gegenüber stelle, werden zeigen, in wie weit Sotschi den Anforderungen der Herren Aerzte zu entsprechen im Stande ist.

Zehnjähriges Mittel der Beobachtungen in Sotschi (Ostküste des Schwarzen Meeres. Breite 43° 34', Länge 39° 42'). / **Jahresmittel der Beobachtungen in Riga** (Breite 56° 57', Länge 24° 6')

		Sotschi	Riga
Barometer bei 0° in Millimeter	Mittel	768,3	759,9
	Maximum	773,3	782,4
	Minimum	745,3	732,5
Temperatur nach Celsius	7 Uhr	13,5	3,6
	1 Uhr	17,0	7,4
	9 Uhr	12,4	4,5
	Mittel	+14,6	5,4
	Maximum	+27,6	+30,5
	Minimum	—6,8	—23,4
Bewölkung (0 klar, 10 ganz bewölkt)		4,5	6,5
Relative Feuchtigkeit in %		74%	79%
Absolute Feuchtigkeit in Millimeter		9,3	6,0
Niederschläge Millimeter	Mittel im Jahr	2197,6	567,5
	Maximum	123,0	44,5
Zahl der Tage mit: Niederschläge		132	146
Schnee		5	50
Hagel		0	0
Gewitter		31	15
Wolkenlos		118	55
Bedeckt		96	157
Sturm		12	8

Meiner Laienansicht nach ist für uns Küstenbewohner eine Uebersiedelung in eine continentale Gebirgsgegend, wegen der Differenz des Luftdruckes und des Feuchtigkeitsgehaltes der Atmosphäre, an und für sich schon eine Strapaze; hier an dem Ufer des Schwarzen Meeres finden wir aber unsere Seeluft in einem überaus milden Klima. Die Berge an der Küste erreichen höchstens circa 2000', gewöhnlich nicht einmal 1000' über dem Meeresspiegel.

Wo viel Licht, ist aber auch viel Schatten. Jeder Nordländer, der seine Lebensweise nicht dem hiesigen Klima anzupassen weiß, verfällt denn auch leicht dem Fieber, namentlich wenn er sich, wie die Ansiedler, als Pionier in den Wäldern niederläßt.

Ich habe daher versucht, nach den Erfahrungen hiesiger langjähriger Einwohner einige Cardinalregeln zusammenzufassen, welche aus dem Norden Kommende hier unbedingt zu beobachten haben.

1) Trage man wollene Unterkleider und vermeide bei Sonnenuntergang den Aufenthalt in den Thälern und Schluchten.

2) Genieße man Trinkwasser nur in gekochtem Zustande, es sei denn, daß dasselbe einer auch im Sommer nicht versiegenden Gebirgsquelle entnommen werden kann.

3) Bei etwaigen Fieberanfällen nehme man sofort Chinin ein, etwa 10 Gran zumal.

4) Schütze man den Rückenwirbel, besonders den Nacken vor den Sonnenstrahlen durch Ueberdecken von Tüchern. Die hiesigen Völker benutzen dazu den Baschlik.

5) Bei der starken Abkühlung der Luft nach Untergang der Sonne müssen dann wärmere Kleider angelegt werden.

6) Das Schlafen auf dem Erdboden vermeide man ganz, es sei denn, daß dicke Teppiche als Unterlage dienen.

7) Der Genuß von Obst finde nur mäßig statt, da bekanntlich ein Uebermaß darin selbst im Norden zu Krankheiten führt.

8) Das Wohnhaus oder die Hütte muß auf einer Anhöhe liegen; die Umgebung ist durch einige Spatenstiche zu entwässern. Ferner darf das Dickicht die Wohnung nicht umgeben; man lasse nur einige schattengebende Bäume nach.

9) Auch in der Wohnung schlafe man nicht auf der Diele, sondern in Bettstellen oder auf Hürden, die wenigstens 2 Fuß hoch sein müssen. Wenn unter dem Hause der Luftzug durchgehen kann, so ist dieses noch gesunder.

Hätten unsere Esten diese Regeln beobachtet und anstatt auf ihre hohe nordische Agricultur zu pochen, zunächst die hiesige niedrigere Landwirthschaft, d. h. den Maisbau getrieben, so wäre ihre Ansiedelung gewiß gelungen.

Um eine Dessätine, also drei Lofstellen, des hiesigen etwa 25jährigen Waldes urbar zu machen, hat eine tüchtige Arbeitskraft 1½ Monate nöthig. Zu diesem Behufe nützen die nordischen Werkzeuge nichts, außer der Axt, welche aber an Handlichkeit von der türkischen weit übertroffen wird. Um die Lianen und Aeste zu durchhauen, die jedem Schlage nachgeben, bedient man sich am besten der grusinischen Axt (Salba), welche, mit einem Fanghaken und langem Stiel versehen, vorzüglich arbeitet; ferner eines Beils und der grusinischen Hacke. Die Wurzeln der Bäume verfaulen hier sehr rasch, so daß sie nur zum geringen Theil entfernt werden, während die der Lianen, Hollunder und Farne unverwüstlich sind und erst nach dreijähriger eifriger Ausrodung und Verhackung allmälig verschwinden. Säet man nun dort sogleich Getreide, so wird dasselbe bald erstickt, indeß der Mais, unterstützt durch die Behackung, den Kampf gegen die Unkräuter erfolgreich aufnimmt. Nach die sich schnell ansiedelnden Gräser behaupten sich gegenüber ihren Feinden, wobei freilich einmal im Jahr die wuchernden Schmarotzer mit der Hacke entfernt werden müssen.

Die Heuschläge sind von saftigen Gräsern bedeckt, namentlich von Hordeum, Avena-Arten, Briza, Agrostis und Dactylis; auf trockeneren Stellen siedeln sich Klee- und Luzerne-Arten an. Diese vorzüglichen Futterpflanzen weisen schon darauf hin, daß Vieh- und Pferdezucht hier mit Erfolg betrieben werden können und thatsächlich werden auch bei den Colonisten alle Kuhkälber erzogen. Geflügel vermehrt sich leicht und sucht sich das ganze Jahr hindurch selbst das Futter.

Für die Landwirthschaft und den Obstbau sind die nach Norden, Osten und Westen gelegenen Abhänge und Plateaus vorzuziehen, die Südabhänge für Wein- und Tabaksplantagen. Da nun aus all' diesem ersichtlich ist, daß der hiesige Ansiedler halb Gärtner, halb Landwirth sein muß, so empfiehlt es sich, bei der Auswahl eines Grundstücks stets auf den Rath eines Gartenbau-Kundigen Gewicht zu legen. Um in den Besitz einer Landstrecke zu gelangen, reicht man beim Chef des Kreises in Noworossisk eine Bittschrift ein und erhält dann die Erlaubniß, sich nach Belieben auf dem freien Kronslande anzubauen. Jeder Ansiedler kann für sich 30 Dessätinen in Anspruch nehmen, allein es werden nur etwa 10 Grundstücke zumal vergeben. So vortheilhaft dieses klingt, so darf man nicht übersehen, daß man nur eine Waldwildniß bekommt, in die ohne Art einzubringen unmöglich ist, und daß man erst frühestens nach einem Jahre eine Maisernte erwarten kann.

Heimathsmüden, oder solchen Personen, die sich ihrer Gesundheit wegen im Süden niederlassen wollen, kann ich nur rathen, sich dieserhalb an die Gutsverwaltung in Wardané per Sotschi zu wenden. Das circa 8000 Dessätinen umfassende Gut gehört S. K. H. dem Großfürsten Michail Nikolajewitsch; auf demselben werden Schluchten Ansiedlern in Erbpacht vergeben, circa 20 Dessätinen per Familie. Durch Wardané geht die neue Chaussée, derselben entlang ist Sotschi nach 40 Werst zu erreichen, am Ufer schon nach 25 Werst. Der Landstrich liegt unmittelbar an der Küste, so daß auch eine Bootsverbindung mit Tuapse und Sotschi möglich ist.

Meines Erachtens ist dies ein für Ansiedler sehr geeignetes Terrain, wie es die Regierung nicht besser abzugeben hat; allein die Gutsverwaltung nimmt Niemand als Colonisten auf, der nicht nachweislich mindestens 500 Rubel Capital besitzt, um sich ein Haus zu bauen, Vieh und Hausgeräth anzuschaffen und den Unterhalt für das erste Jahr zu besorgen. Das zugewiesene Land ist auch hier dichter, mindestens 25 Jahre alter Wald, aber mit mergeligem Boden.

Absichtlich habe ich mich ausführlich über die hiesige Colonisation ausgelassen, weil die in unseren Zeitungen veröffentlichten Nachrichten über die hierher ausgewanderten Ostseeprovinzialen ungenau sind und weil meiner Ueberzeugung nach dieses Gebiet für brustleidende Nordländer von großer Bedeutung werden dürfte. Selbst auf die Gefahr hin, einige Leser mit obigen Bemerkungen zu langweilen, hielt ich es für meine Pflicht, diesem Gegenstande meine volle Aufmerksamkeit zu schenken, da das Glück und Unglück manchen Auswanderers häufig damit zusammenhängt, wie er sich das Ziel seiner Sehnsucht vorstellt und wie er es findet.

Die geachtetste Stellung in Sotschi nimmt unser Landsmann Herr

N. Garbe ein, als Agent der Russischen Gesellschaft für Schifffahrt und Handel, Verwalter beim Großfürsten Michail Nikolajewitsch, vielfacher Bevollmächtigter auswärtiger Grundbesitzer und Inhaber einer allerliebsten Obstplantage. Eine tüchtige Bildung stellt ihn weit über das Niveau der sogenannten Dutzendmenschen und zwanzigjährige practische Erfahrungen am Platz befähigen ihn, die hiesige Situation genau zu beurtheilen. Da Herr Garbe Livländer ist, so kennt er auch unsere Verhältnisse und Culturen und ist daher mehr als irgend Jemand im Stande, auf diesbezügliche Anfragen Auskunft zu ertheilen.

Sotschi selbst ist ein sehr freundlicher, gesunder Flecken mit Post- und Telegraphenstation, Arzt und Apotheke. Die Communication mit Europa wird durch Dampfer bewerkstelligt, welche wöchentlich einmal auf der offenen Rhede halten, wobei Passagiere und Frachten durch türkische Boote, sogenannte Felugen, an's Land gebracht werden. Gasthäuser sind hier noch unbekannt, doch kann man sich in Pension begeben oder einzelne Zimmer zu miethen bekommen.

Nach der zunehmenden Ausdehnung des Städtchens zu urtheilen — auf dem Plateau werden mehr und mehr Grundstücke zu Villen und etwas weiter zu Plantagen in Erbpacht vergeben — darf man erwarten, daß in Sotschi einst ein neues Jalta entsteht. Unter den Besitzern bedeutender Land-Complexe trifft man viele bekannte Persönlichkeiten, wie z. B. die Namen Katkow, Leontjew, Chludow, Sibirjalow, Baron Nikolai, Jurgewitsch, Permilin u. s. w. Das Livadia von Sotschi dürfte das nahe Kubaněl werden, das S. M. dem Kaiser gehört; daran schließen sich weiter die Besitzungen der Großfürsten Konstantin und Michail Nikolajewitsch.

Die Badeverhältnisse sind primitivster Art, etwa wie bei uns in Kaugern; da die Brandung im Schwarzen Meere häufig sehr stark ist, so kann man nur bei ruhiger See baden. Das Ufer ist bedeckt mit Steinen — Schiefer-, Granit-, Basalt- und Sandsteine —, welche von den kleinen Gebirgsbächen dem Meere zugeführt und von diesem hübsch abgeschliffen wieder an's Land geworfen werden.

An der ganzen Küste begegnet man türkischen Fischern, die aus Klein-Asien hierher kommen, um sich den Unterhalt für die Familie zu erwerben. Tüchtige Schiffsleute, genießen sie trotz ihrer großen Armuth den besten Ruf; Diebstahl und Ueberfälle sind in Sotschi unbekannt, ja man schläft allgemein bei offenen Thüren und Fenstern. Trotz ihres gefährlichen Aeußern — sie sehen nämlich aus wie richtige Halsabschneider — erwiesen sie sich bei unseren häufigen Fahrten als vollkommen harmlos, mäßig und dankbar für jedes Gute, das man ihnen thut. Wenn auch ihre Kleidung manches zu wünschen übrig läßt, so sind sie doch an ihrem Körper sehr sauber und in ihren Booten, die täglich gewaschen werden, findet man nicht eine einzige Fischschuppe oder Unreinlichkeit haften. Beim Auf- und Untergang der Sonne sieht man sie längs der Küste ihre Waschungen vornehmen und dann ihr Gebet auf den Knieen, das Angesicht gen Mekka gekehrt, verrichten. Auch führen sie Abends häufig nach den Klängen eines Dudelsacks einen Reigen aus, der stundenlang dauert.

Mit solchen Bootsleuten fuhren wir eines Morgens nach Warbaně, dem etwa 25 Werst entfernt gelegenen Gute des Großfürsten. Das Meer war fast still und obschon das nächtige griechische Segel gehißt war, mußten die Ruder gebraucht werden. Da Warbaně in der Tscherkessenzeit und zwar noch bis 1864 der Mädchenmarkt der Abighe für Konstantinopel war, so wandte sich das Gespräch sehr bald diesem Gegenstande zu und unser Schiffer Hassan erzählte, daß unser Steuermann sich gerne aus einem hinter Warbané noch befindlichen Aul eine Frau holen wolle, allein dort auf Schwierigkeiten stoße. Natürlich interpellirten wir, einen türkisch-tscherkessischen Roman voraussehend, sofort unseren Steuermann Ferrat Köß Ogli und erfuhren, daß er gerne die Schönheit des betreffenden Auls, die sich ihm bereits unverschleiert gezeigt habe, heirathen wolle; der Vater verlange für dieselbe aber 600 Rubel und das gehe über seine Verhältnisse. Er erklärte uns, er handle nun schon deshalb seit Monaten und habe bereits 200 Rubel geboten, allein der Alte sei unerbittlich trotz der Vernunftsgründe, die er ihm vorgeführt. So habe er ihm wiederholt gesagt, man könne für ein schönes Pferd wohl einen solchen Preis verlangen, allein für eine Frau — das sei doch unerhört! Es bleibe ihm nichts übrig, als sich seine Allerliebste mit der Feluge zu stehlen, da der Aul unweit dem Meere läge.

Ferrat Köß Ogli verschwand auch wirklich einige Tage vom Schauplatz seiner gewöhnlichen Thätigkeit und tauchte erst wieder am Sonntage in besonders feiner Stutzertracht auf, so daß ich ihn anrief und nach seinen Abenteuer fragte. Bei seinem Nähertreten bemerkte ich in seinem Gesichte eine gründliche Schmarre und seine Hand war verbunden. Er gab zwar zu, daß er im Au? seiner Liebsten gewesen, behauptete aber, bei einem Spazierritt vom Pferde gefallen zu sein. Offenbar hatte jedoch der Roman ein drastisches Ende gefunden, der übliche Mädchenraub war mißlungen. Da mir dieses nun für meinen Helden doch zu prosaisch erschien, fragte ich ihn, zu welchem Zweck er denn das gewaltige Messer an seinem Gürtel führe und ob er dasselbe bei seinem „Fall vom Pferde" nicht benutzen konnte? Ei, meinte er, dies gehe in Rußland nicht an, selbst in der Türkei könne man es nur gelegentlich gebrauchen. Ferrat schürzte noch an demselben Abend seine Feluge und entzog sich den Nachforschungen dadurch, daß er nach Batum segelte.

Nach dieser Abschweifung kehre ich zu unserer Fahrt nach Warbané zurück. Wir landeten an der Stelle, wo früher die türkischen Sklavenschiffe ihre Waare einnahmen und wo jetzt der Kosakenposten steht.

Eine Menge Büffel, welche der neuen Chaussée die Usersteine zuführten, standen an der Küste. Wir bestiegen Pferde und besichtigten voll Interesse die ausgedehnten, prächtigen Obstplantagen, davon namentlich die Massen Haselnüsse und Katharinenpflaumen, und kehrten nach einer Ruhepause und einem kräftigen Aufbiß zu unserer Feluge zurück. Unterdeß war die Sonne untergegangen und der Landwind eingetreten. Obschon wir etwa eine halbe Werst vom Ufer abhielten, hatten wir, überall, wo Berge uns schützten, wenig Luftzug; näherten wir uns aber einer Schlucht, so kam der Wind wie aus einem Blasrohr, das Boot legte sich dann zur Seite und schoß pfeilschnell durch die Wellen bahn. Gegen Mitternacht erreichten wir Sotschi.

Von den das Schwarze Meer befahrenden Schiffs-Capitänen werden die türkischen Felugen für das Prototyp eines seetüchtigen Bootes gehalten und Wunderdinge sollen diese Fahrzeuge in der Hand der türkischen Fischer leisten, wenn Stürme den Verkehr zwischen den Dampfern und dem Ufer fast unmöglich machen. Die Feluge ist sowohl ein Segel- wie ein Ruderboot; das Vordertheil ist hoch und die Bänke vorne bis auf den Boden fest, so daß dadurch Kammern entstehen und einschlagendes Seewasser nicht bis zum Fracht-

den Kosakensattel, in welchem ich allmälig bereits über 200 Werst nach allen Richtungen hin zurückgelegt habe. In einem anderen Sattel diese Bergpfade zu passiren, ist absolut undenkbar; man würde kopfüber zu Thal fahren oder beim Anstieg bald auf die Kruppe des Pferdes gelangen.

Einer unserer ersten Ausflüge galt Areda, der Besitzung des Herrn Garbe, benannt nach dem früher dort gelegenen Tscherkessen-Aul. Es ist ein sanft abfallender Abhang, nur der Obstcultur gewidmet; die Chaussée durch- schneidet das Grundstück. Eine Allée von Wallnußbäumen führt links zu einem jungen Hain von Papiernüssen (Grenobler Wallnüssen) und großen dünnschaligen Imperialnüssen, welche selbst in Frankreich nur in den feinsten Delicatessenwaaren-Magazinen zu bekommen sind. Rechts lagen großartige Plantagen der Riesenhaselnuß. Durch ein Stück Urwald getrennt, folgte dann ein Aepfelgarten, zumeist vertreten durch die kleinasiatische Sorte Sara Sinapi, in Riga bekannt unter dem Namen Krimscher Apfel. Darauf sahen wir vor uns ein Wäldchen Katharinenpflaumen, in strotzender Vegetation und besetzt mit herrlichen Früchten. Ich hatte Gelegenheit, dieselben in gedörrtem Zu- stande mit der feinsten in Gläsern verpackten Waare aus Frankreich zu ver- gleichen und fand sie noch größer und fleischiger als jene. Es folgten nun Anpflanzungen von Bilbao-Maronen, dann Plantagen von Feigen, Süß- und Sauerkirschen, Birnen und eine Acclimatisationsschule für neue Gewächse. Unter letzteren sah ich einen ostindischen Strauch Melia Azederach, der durch seinen Blüthenreichthum meine Aufmerksamkeit auf sich zog. Rosen, wie die Gloire de Dijon, bilden Sträucher von 2 Faden im Durchmesser, allein durch diese Ueppigkeit verliert die Blüthe an Werth und fällt ebenso wenig in's Auge, wie bei uns die Zirene, es sei denn, daß die Maréchal Niel sich bis zur ersten Etage des Hauses hinaufschlingt und Tausende ihrer herrlichen Blumen entfaltet.

Als Heckenstrauch wird allgemein die Gleditschia tryacanthos ver- wandt, die durch ihre Stacheln selbst den Büffeln das Eindringen in die Plantagen unmöglich macht. Dort, wo die Hecke aber mehr eine Zierde sein soll, da pflanzt man Granaten und giebt es wohl kaum etwas Effectvolleres, als die glühend rothen Blüthensträucher, wenn der Morgenthau seinen Zauber drüber breitet.

Von dieser Stätte der Cultur beschlossen wir durch die nächste Schlucht zu dem Begräbnißplatz des früheren Auls Areda zu reiten. Es hatte die Nacht vorher geregnet und der Weg war daher beschwerlich; allein da die Tscherkessen mit Vorliebe ihre Todten auf Bergen bestatteten, die einen schönen Fernblick boten, so ließen wir unsere Pferde munter ausschreiten. Wir passirten die ehemaligen Gärten der Abighe, dann ging es hinunter in die Schlucht durch einen wild rauschenden Gebirgsbach, auf der anderen Seite wieder steil in die Höhe. Unsere Kosakenpferde, die sich bis dahin als faul und gefräßig erwiesen und nur durch gründliche Hiebe mit der Plette in Trab gebracht werden konnten, zeigten sich hier als Meister der Situation. Wie die Gemsen kletterten sie bergauf und bergab; in dem oft knietiefen zähen Lehmbrei benutzten sie jeden Stein und jede trockene Stelle und voll Vorsicht und Bedacht wurde mit dem Fuße erst geprüft, ob der Tritt auch sicher sei. Der Reiter thut daher wohl, nur die Zügel in der Hand zu behalten, um das Thier bei einem eventuellen Stolpern anzuziehen. Kann er sich nun auch auf sein mit vorgestrecktem Kopf vorwärts schreitendes Pferd verlassen, so hat er doch genug

damit zu thun, sich der an seine Kleider anhaftenden, seinen Hals oft um-
schlingenden stachligen Lianen zu erwehren; namentlich ist es außer den
Brombeeren Smilax excelsa, welche am meisten zu schaffen macht.

Ein derartiger Ritt ist so aufregend, daß nur noch die absolute Sicher-
heit der Pferde beruhigend wirkt. Wenn ich einen Vergleich der gefähr-
licheren passirten Stellen machen darf, ohne dabei zu übertreiben, so möchte
ich dieselben einer Treppe in der Altstadt Rigas an die Seite stellen, welche
etwa mit schlüpfrigem Lehmbrei übergossen wäre.

Allmälig den Berg erklimmend, fanden wir oben auf einer Rasenfläche
den Tscherkessenkirchhof, der nur an seinen Grabhügeln zu erkennen war.
Herrlich machte sich die Aussicht von hier oben auf die schneebedeckten Gipfel
des Hauptgebirges, auf die zwei vor demselben liegenden Gebirgsparallelen
und die schwarzblaue Fluth mit den weißen Möwen gleichenden Kämmen der
Wellen. Längs dem Ufer des Meeres kehrten wir zurück; der Weg war
beschwerlich, denn die abgeschliffenen faustgroßen Kieselsteine und der lockere
Sand erschwerten den Gang der Pferde. In diesem dürren Sande stießen
wir auf eine sehr hübsche perennirende Winde (Convolvulus) und eine
Amaryllis (Pancratium abchasicum); auf einer lehmigen Stelle hart am
Meere wuchs wild Arundo Donax.

Gerade bei einem Vorgebirge war eine mächtige umgestürzte Eiche zu
umreiten, deren Krone in der Brandung lag. Ein Theil unserer Cavalcade
hatte diese Stelle bereits glücklich passirt, nur wir zögerten einen Moment,
als eine Sturzwelle plötzlich über dem Rücken unserer Pferde zusammenschlug.
Freilich waren wir bis an den Hals naß geworden, allein der Humor war
davon nicht fortgespült.

Ein zweiter Ausflug galt dem Mamai, einer etwa 5 Werst in der
Luftlinie von Sotschi entfernt liegenden verlassenen Tatarenstadt, welche nach
einem der ersten Khane Mamai Kaleh genannt wurde. Später hatten auch
die Genuesen hier eine Factorei; allein die üppige Vegetation hat Alles jetzt
überwuchert und verdeckt und nur einige Steintrümmer im Walde geben noch
Zeugniß von vergangener, entschwundener Macht. Eine archäologische Com-
mission hat es im vorigen Jahre versucht, in Mamai einzubringen, allein
nach eintägiger mühevoller Arbeit wurde der Plan wieder aufgegeben und
somit diese Stätte sich selbst überlassen, bis einst der Acker- und Gartenbau
den Boden reinigt und für die Wissenschaft erreichbar macht. Um ein richtiges
Vegetationsbild zu erhalten, ritten wir längs der indo-europäischen Telegraphen-
linie, welche ihre eisernen Pfosten an der Küste des Schwarzen Meeres aufgestellt hat. Zur Controle der Drähte befindet sich die Strecke entlang ein
Reitweg, der mitten durch den Urwald führt.

Unsere Cavalcade, aus vier Reitern und einem Kosaken bestehend, bewegte
sich, zunächst dem Delta des Flüßchens Sotschi folgend, vorwärts, wobei
unser Führer stets zuerst die Furthen durchreiten mußte. Der kleine brausende
Bach hat, wie alle hiesigen Gewässer, ein fortwährend sich veränderndes Bett
und reißt bald hier, bald dort das Land ab, um es an anderer Stelle wieder
abzusetzen. Auf den so gebildeten Delta-Inseln siedeln sich dann sofort
Weiden, Ellern, Hippophea rhamnoides an und die nur diesen nassen
Stellen eigenen Pterocarya caucasica. Letztere gehören zu den interessan-

testen Bäumen des Kaukasus und sind sowohl mit der Wallnuß wie mit dem amerikanischen Hickory verwandt; dem natürlichen System nach stehen sie zwischen der Esche und dem Wallnußbaum. Sehr vortheilhaft treten zwischen dem übrigen feinblättrigen Grün der Umgebung die saftgrünen, bis 20 Zoll langen, einfach gefiederten Blätter hervor.

Nachdem wir glücklich die Furthen passirt hatten, ging es in den Wald hinein zwischen Adlerfarrn (Pteris aquilina), die an Höhe fast die Reiter auf den Pferden erreichten; rechts und links mächtige Waldriesen. Echte Kastanienbäume in voller Blüthe und in einer Majestät, wie wir keinen nordländischen Baum zum annähernden Vergleich haben. Rothbuchen (Fagus sylvatica), deren Stamm vier bis fünf Mann kaum umfassen können; dazwischen die Weißbuche (Carpinus Betulus), prächtige Ahorne (Acer campestris, Pseudo-Platanus) und der nur dem Kaukasus eigene Halbbaum Acer colchicum. Die wilde Weinrebe, die Periploca graeca, Clematis vitalba, Smilax excelsa und mehrere Gattungen Ephen erklettern diese Riesen und veranlassen langsam, aber sicher den Tod ihres Opfers. Ich habe solche von Epheu getödtete Bäume gesehen, die bis zu den äußersten Spitzen umrankt waren; sie kamen mir vollständig unbekannt vor, bis ich denn bei näherer Betrachtung die auf dem Skelett wuchernde Schmarotzerpflanze gewahrte.

Bald ging es hinunter in eine Schlucht, bald kletterten unsere Pferde mühselig den Gebirgspfad empor, in schlüpfrigem Lehm, oft genug neben Abgründen; die wechselvollen Bilder nahmen aber unsere Aufmerksamkeit so sehr in Anspruch, daß wir uns auf den Wegweiser und die Pferde verließen und der Beschwerden nicht achteten. Hin und wieder mußte der uns begleitende Kosak allerdings vom Sattel, um unsere von den Lianen erfaßten Hüte uns wiederzubringen oder um mit seinem Dolchmesser das Gestrüppnetz, das uns sonst vom Pferde gerissen hätte, zu entfernen. Trotzdem waren wir oft genug gezwungen, uns auf den Hals des Thieres zu legen, um hindurch zu kommen, oder über Baumstämme zu setzen, die den Weg versperrten. So vom Pferde aus hatte ich zum ersten Male in meinem Leben botanisirt, doch war mir dasselbe leicht gemacht, der große Schöpfer hatte Alles bunt durcheinander gepflanzt; im Kampf um das Dasein rang Gattung gegen Gattung, Individuum gegen Individuum. Dort, an sonnigen Stellen, durchflochten von einer Calystegia-Art mit prächtigen, weißen Blumen, dominirten die Brombeeren, meist Rubus sanctus und fructicosus; hier ließ Sambucus Ebulus keine Concurrenz aufkommen. In den Schluchten als Unterholz wilde Rosen, Jasminsträucher, Schneeballen; im Dickicht Rhamnus alaternus und Ilex aquifolium. Während Rhododendron caucasicum, die Alpenrose, schon in der zweiten Parallele des Hauptgebirges zurückbleibt, steigt die pontische Azalee fast von der Schneegrenze nieder bis zum Niveau des Meeres. Sie wächst hier in schwerem Lehmboden, während wir im Norden gewohnt sind, dieselbe in Topferde zu cultiviren. Der wunderhübsche Blüthenstrauch Staphylia colchica, der jetzt im Auslande sehr modern und auch in Riga bereits eingeführt ist, steht vereinzelt in den Schluchten; zu ihm gesellen sich der Buchsbaum und der Kirschlorbeer. In besonders geschützten Stellen gedeiht der Lorbeer wild und bildet ganze Haine. Bergauf und bergab begegnen uns wilde Fruchtbäume, Aepfel und Birnen, Süßkirschen und die dem Kaukasus eigenthümliche Pflaumenart Alytscha. Fleißig schauten wir, einen Buchenwald passirend, nach dem in solchem vorkommenden Waldmeister (Asperula odorata) aus, allein derselbe war nicht zu finden.

Endlich am Mamai angelangt, gewahrten wir nur einzelne Stein-trümmer und da die Dunkelheit im Walde rasch zunahm, beschlossen wir, am Ufer des Meeres heimzukehren.

Der dorthin führende Weg war aber nicht zu ermitteln und so blieb uns nichts Anderes übrig, als die bisherige Tour wieder zurückzulegen oder im Walde zu übernachten. Trotzdem wir die Brandung fortwährend brausen hörten, konnten wir ungeachtet mehrerer Versuche das Ufer nicht erreichen — also zurück auf demselben Wege! Ich muß gestehen, daß mir dieser Entschluß unseres Führers sehr ungelegen kam, namentlich, da der hinter mir reitende Kosak mir erklärte, wir würden uns bestimmt verirren und gezwungen sein, im Walde zu übernachten. Wir waren leicht gekleidet und durften dieses nicht wagen. Oben auf den Hügeln hatten wir noch die Dämmerung, aber in den Schluchten war es stockfinster, so daß man den Reiter vor sich nicht sehen konnte. Die Pferde gingen mit dem Kopf auf die Erde gesenkt, an eine Führung derselben war gar nicht zu denken. Oft blieben auch diese stehen und dann wurde ein Zündhölzchen angezündet. Sobald wir wieder oben waren, brach unser Humor durch, ging es aber in eine Schlucht — und wir hatten deren sieben zu überwinden — so wurde Alles mäuschenstill. Viele tausend Leuchtkäfer umschwärmten uns, der Wald sah aus wie mit Brillanten bestreut, allein so glänzend auch diese Irrlichter uns umgaukelten, die Finsterniß wurde stets intensiver. Die obenerwähnten Leuchtkäfer (Lutisea mingrelica) sind wesentlich größer als die bei uns vorkommenden, auch ist ihr Phosphoresciren weit sprühender.

Der Ruf des Uhus erklang, die Schakale ließen ihr klägliches Geheul ertönen. Da brüllte auf einem der nahen Berge ein Luchs, Hundegebell antwortete in einiger Entfernung — bald war also unser Ziel erreicht! Noch einmal wurde die Furth des Flusses durchritten und recht ermüdet kehrten wir gegen Mitternacht heim.

Aehnliche Ausflüge, mit mehr oder weniger interessanten Abenteuern, haben wir noch häufig unternommen; bei einer solchen Gelegenheit stürzte einst auch das Pferd unseres Kosaken in eine Schlucht; nur durch schnelles Abspringen vom Sattel rettete der Reiter sich das Leben.

Wie schwer es hier im Kaukasus Manchem fällt, seinen Verpflichtungen nachzukommen, sahen wir, als wir bei einer Tour einen Krons-Feldmesser überraschten, der auf einem ziemlich steilen Bergrücken mit seiner Arbeit beschäftigt war. Wochenlang hat er unter freiem Himmel zu leben, in Hitze und Regen, allerlei Entbehrungen ausgesetzt; kehrt er dann in eine der An-siedelungen zurück, so sind seine Kleider derartig zerrissen, daß sie wie Fetzen an seinem Leibe hängen.

Hier in Sotschi sieht man noch ein Stück Wildniß, wie kaum ein Land Europas eine solche mehr aufzuweisen hat; die Natur liegt noch in urwüchsiger Pracht da und nur allmälig schreitet die Cultur dem Hauptgebirge zu.

Vier Wochen haben wir uns nun bereits auf diesem herrlichen Fleck der Erde erholt; weiter soll es heute gen Süden gehen; schon nähert sich der Dampfer, der uns zunächst nach Abchasien führt. So lebe denn wohl du

Land der freien Tscherkessen! Mögest du bald wieder zur Culturstätte erstehen! Das, was einst Puschkin dir prophezeite, ist buchstäblich eingetroffen:

Verstummt sind nun die Kampfestöne,
Es beugt sich Alles Rußlands Schwert.
Ihr fielt, Kaukasiens stolze Söhne,
Wie ihr gefochten, ehrenwerth.
Euch schützten nicht die Aderlässe,
Die ihr so oft uns beigebracht,
Nicht Panzer, Rosse, Felsenpässe,
Selbst nicht der Freiheitsliebe Macht.
Der Kaukasus hat Euch verrathen
Und schmeichelt andern Stämmen nun,
Verschollen fast sind Eure Thaten
Und Eure scharfen Pfeile ruh'n.
Zum Passe, wo ihr oft geschlagen,
Fährt bald der Wand'rer ohne Bangen;
Kaum melden ihm dann dunkle Sagen,
Ihr Helden, wie ihr hingegangen!*)

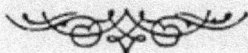

---

*) Obige Briefe haben durch den Tod des Verfassers in Batum ihren Abschluß gefunden.